자폐 범주성 장애 아동 · 청소년

_사회성이 제일 어려운 아이를 어떻게 도울 것인가?

| 아동과 청소년 문제해결 시리즈 10 |

자폐 범주성 장애 아동·청소년

사회성이 제일 어려운 아이를 어떻게 도울 것인가?

김유숙·윤선아 지음

이너북스

우리나라에서

자폐에 대해 알려지는 데에는 영화 〈말아톤〉이 큰 역할을 했다. 〈말아톤〉이란 영화 덕분에 많은 사람이 자폐성 장애라는 이름에 익숙해지고, 자폐성 장애의 여러 가지 특성에 대한 관심도 확산되었다. 자폐 청년 한 명의 이야기를 담은 영화 한 편이 자폐의 모든 특성을 담아내지는 못했지만 사회적 관심을 끌어내는 데는 충분했다. 이후에도 자폐성 장애는 영화, 드라마, 소설 그리고 여러 언론에 자주 등장하는 소재가 되었고, 그만큼 자폐적 특성이 사람들 사이에서 회자되면서 인식도 달라졌다. 그러나 자폐성 장애라는 이름에 대해 낯설지 않은 만큼 우리가 자폐를 온전히 이해하고 있다고 보기는 어렵다. 대부분의 사람은 자폐의 다양한 특성 중 인상적인 몇 가지에 중점을 두어서 그 특성을 이해하거나 오해한다. '눈 맞춤을 안 하면' '질문을 했는데 답을 안 하면' '같은 말을 반복하면' '엄마를 안 찾으면' '혼자 놀이하면' '특이한 주제에 집착하면' 등 한 가지의 행동으로만 자폐를 단정 짓는 오해들은 무수하다. 이와 같은 자폐적 특성에 대한 오해는 사회의 곳곳에 산재해 있다. 때로는 자폐 학생을 잠시 경험한 교사가, 자폐성 장애인을 이웃으로 만난 사회구성원이, 한 교실에서 자폐 친구와 공부했던 학생이 자신의 경험을 내세워 오히려 더 많은 선입견을 가지기도 한다.

자폐에 대한 주변 사람들의 선입견은 자폐를 가진 영유아, 청소년, 성인이 살아가는 삶의 곳곳에서 부정적인 영향을 줄 수밖에 없다. 유치원이나 학교에서 교사나 친구들이 자폐 아이들을 잘못 이해하여 적절한 도움을 줄 시기나 방법을 놓치기도 하고, 지역사회의 이웃들이 지닌 편견으로 인해 자폐적 특성으로 나타나는 행동을 잘못된 양육 때문이라고 비난하거나 함께하기 어렵고 불편한 이웃으로 생각하기도 한다. 결과적으로는 자폐 아동이 이웃과 함께 살아가면서 사회에 적응하는 기술을 배울 기회를 놓칠 뿐 아니라 가족들의 삶도 제한을 받게 된다.

사실 자폐성 장애는 스펙트럼 장애라고 지칭하듯이 다양한 색깔로 보이는 장애이다. 따라서 자폐의 특성을 공부할수록 '한 명의 자폐를 경험한다는 것은 그저 자폐인 한 명을 아는 것일 뿐'이라는 것을 알게 된다. 따라서 자폐를 알면 알수록 자폐의 특성을 단정 짓는 것에 대해 신중해지고, 개별적 특성에 대해 심층적으로 알아야 한다는 겸손한 마음을 가지게 된다. 무엇보다 자폐에 대한 올바른 인식은 자폐를 알고 제대로 지원하기 위한 중요한 밑거름이 된다.

오래전 자폐의 발생 원인을 엄마의 잘못된 양육으로 인한 것이라고 단정 짓던 시절이 있었다. 다행히 자폐를 연구하는 학자들이 그러한 추정이 근거가 없다는 것을 확실하게 밝혀내면서 현재는 생물학적 원인, 즉 유전적 요소에 원인을 두었고 그에 대한 이견은 없어졌다. 만약 원인을 부모의 탓으로 돌리는 가설을 검증도 하지 않은 채 받아들여 왔다면 치료나 교육의 방향이 얼마나 많이 달라지고 가족들은 얼마나 많은 편견에 시달렸을지 상상해 본다. 자폐인과 그 가족이 사회에서 행복하게 살아가기 위해서는 자폐의 원인과 특성에 대해 정확하게 알고 있는 사회구성원이 많아져야 한다. 왜냐하면 그 특성을 이해하고 가족의 어려움을 공감하는 것은 자폐인들과 함께하는 직장, 지역사회 안에서 그들의 삶의 질을 높이도록 돕는 적극적인 사회구성원들을 만드는 데 가장 큰 동력이 되기 때문이다.

이 책은 자폐를 지닌 자녀의 부모나 치료자가 자폐 아동이나 청소년을 잘 지도하여 자폐가 아닌 아이로 만들도록 돕기 위한 책이 아니다. 자폐적 특성을 지닌 아동의 어려움을 잘 알고, 지원하여 자폐 범주성 장애 아동·청소년과 가족들로 하여금 부족한 부분들을 채워 가면서 세상을 살아가기 위한 힘을 가지게 할 수 있는 내용으로 구성하려고 노력하였다. 가능한 한 좋아하는 면, 잘하는 능력을 더 격려하면서 도움을 줄 수 있는 구체적인 내용들을 제시하고자 하였다.

그러나 이러한 지원은 가족과 치료교육진의 개별적인 지원만으로는 최상의 성과를 얻을 수 없다. 장애 특성을 완치의 대상으로 보는 것이 아니라 특성 그 자체로 받아들일 수 있는 사회가 되어야, 즉 내가 가르쳐야 할 학생, 같은 학급의 내 친구, 편하게 인사 나눌 수 있는 나의 이웃으로 만나서 함께 놀고 공부하고 생활하는 사회적 분위기가 병행될 때 치료교육의 성과는 극대화될 것이다.

우리는 아동·청소년을 둘러싼 가족이나 전문가에게 도움을 주고 그들과 관련 지식을 함께 나누고 싶다는 열망을 가지고, 상담 현장에서 자주 볼 수 있는 몇 가지 문제를 선택하여 '아동과 청소년 문제해결 시리즈'를 구성했다. 이 시리즈는 기본적으로 세 개의 파트로 구성되어 있다. 첫 번째 파트는 각 문제 행동에 대한 정확한 이해를, 두 번째 파트는 이들을 돌보는 가족이나 전문가를 위한 조언을, 세 번째 파트는 이들과 상호 교류하는 데 유용한 여러 가지 놀이나 게임을 소개했다. 예를 들거나 여러 가지 활동을 소개하면서 자폐 범주성 장애가 지닌 다양한 언어나 인지 수준으로 인해 모든 자폐 범주성 장애 아동·청소년에게 적용할 수 있는 활동이 될 수는 없음에 안타까운 마음이 있었다. 부족하더라도 틈틈이 활동 사이사이에 적용을 위한 제안을 쓰는 것으로 이를 보완하고자 하였다.

이 책의 출판과 관련하여 많은 분께 감사한다. 아동과 청소년의 문제를 다루는 도서는 현장의 경험을 토대로 한 실제적인 부분이 다루어져야 한다는 의견에 동의하면서 책의 출판을 권유해 주신 학지사의 김진환 사장님과 세심하게 편집을 해 준 김진영 차장님께 감사드린다. 무엇보다도 우리에게 많은 지식을 준 내담자들이 없었다면 우리는 아무것도 할 수 없었을 것이다. '아동과 청소년 문제해결 시리즈'의 모든 지식은 그동안 우리와 함께했던 내담자들을 통해 배운 것이라는 점을 밝히면서 우리와 시간을 함께한 일일이 이름을 밝힐 수 없는 많은 분께 감사를 전한다.

저자 일동

차례
CONTENTS

10

Part 3

자폐 범주성 장애 아동·청소년을 위해
가정에서 할 수 있는 활동들 132

Part 1

자폐 범주성 장애란

자폐 범주성 장애 아동을 어떻게 파악할까

자폐 범주성 장애Autism Spectrum Disorder는 사회적 상호작용과 의사소통의 어려움으로 대인관계가 어렵고, 제한적이고 반복적인 행동이나 관심을 보이는 일종의 발달장애다. 이러한 증상들은 생애 초기에 드러나는 것이 일반적인데, 자폐 범주성 장애로 진단되는 아동이 지속적으로 증가하고 있다. 최근에는 자폐 범주성 장애를 질병보다는 아동이 가진 특성이라고 인식하면서, 각 개인의 특성에 맞는 교육적 접근에 대한 관심이 늘어나고 있다. 먼저 자폐 범주성 장애가 무엇인지를 언급하기 전에 우리가 만났던 한 아동을 소개하려고 한다.

형석이는 장애통합 어린이집에 다니는 4세의 아동으로 최근에 자폐 범주성 장애 진단을 받았다. 어머니의 말에 따르면, 여러 가지 요구가 많았던 형석이의 누나와 달리 형석이는 키우기 쉬운 순한 아이다. 엄마와 떨어져도 별로 신경쓰지 않는 것 같고 엄마를 보채지도 않고 혼자서 잘 놀아서 좋아하는 자동차류의 장난감만 바구니에 담아 주면 몇 시간이고 놀이하곤 했다. 단지 놀이하는 모습이 좀 특이해서 자동차를 일렬로 나열해 놓고, 누나나 엄마가 건드리면 다시 원래의 위치에 놓으면서 자동차들 외의 다른 장난감에는 관심을 안 보이곤 했다. 말이 좀 늦긴 했지만 부모들은 남자아이라서 그럴 것이라고 생각했다.

'자폐 범주성 장애'는 1943년 미국의 정신과 의사인 카너L. Kanner 가 처음으로 '유아기 자폐증'을 언급하면서 주목받기 시작했다. 그는 극단적인 냉담함, 타인에 대한 관심 결여나 낮은 공감능력, 다른 사람과 관심을 공유하는 능력이 부족한 특징을 보이는 11명 의 유아들에 대해 유아기 자폐증infantile autism이라는 이름을 붙였다. 이들은 아기들이라 어른들의 도움이 필요함에도 부모에게 잘 다 가가지 않았다. 안아 주어도 별 반응을 보이지 않고, 자신의 주변 에 누가 있는지에 별 관심을 보이지 않았다. 또한 의사소통에서 도 다양한 형태의 어려움을 드러냈다.

초기의 연구처럼 자폐 범주성 장애를 가진 아동의 전형적인 특 징으로는 사회적 의사소통의 어려움을 많이 언급한다. 우선 자폐 범주성 장애 아동은 언어기술을 잘 발달시키지 못하는데, 설사 말을 하더라도 반복적인 언어패턴을 보이는 경우가 있다. 특히 다른 사람이 말한 내용을 그대로 따라 하는 반향어는 그들이 보 이는 언어적 특징으로 알려져 있다. 반향어는 언젠가 들었던 말 을 시간이 지난 후에 반복하는 지연 반향어, 그리고 지금 들었던 말을 그대로 반복하는 즉각 반향어로 나뉜다. 자폐 범주성 장애 아동들은 이 두 가지 반향어를 모두 사용한다. 반향어는 의사소 통의 의도나 목적이 분명하지만 어떤 형태로 말을 해야 할지 잘 모를 때 주로 사용한다. 예를 들어, 배가 고플 때 자폐 범주성 장애 아동이 "밥 줄까?"라고 표현한다면 이것은 엄마가 밥을 줄 때 늘 하던 말을 지연 반향하는 것이다. 때로는 자신이 하는 말의 의미를 명확하게 모르는 채로 혹은 목적 없이 사용하기도 한다.

또한 자폐 범주성 장애 아동들의 또 다른 언어적 특성은 억양이 일정하고 단조롭다는 것이다. 이것은 우리가 대화를 하면서 다양한 억양을 사용하여 의사소통 의도를 드러낸다는 것을 생각해 볼 때 대화의 중요한 언어요소를 발달시키지 못하고 있다는 것을 의미한다.

다른 특이한 언어패턴으로 자신이 배가 고플 때 "너 배고파."처럼 대명사를 바꾸어 사용하는 경우도 있다. 이런 것들은 모두 다른 사람을 공감하거나 타인의 참조 틀을 이해하는 데 어려움이

있기 때문에 일어나는 것으로 알려져 있다.

다른 사람과 의사소통하는 데 어려움을 지니는 사회적 의사소통 특성과 함께 자폐 범주성 장애 아동은 다른 사람과 상호작용을 시작하거나 유지하는 행동, 다른 사람의 마음을 이해하고 공감하는 것이 힘들어서 관계를 맺고 유지하는 것을 어려워하기도 한다.

자폐 범주성 장애 아동은 사회적 의사소통 그리고 상호작용 특성 이외에도 제한되고 반복적인 행동, 흥미 및 활동 양상을 광범위하게 보인다. 사물, 사람이나 일상의 사소한 변화에도 쉽게 흥분하고 반복적인 행동을 보이며 변화시키려는 시도에 저항한다. 안경을 쓰지 않던 사람이 안경을 쓰거나 가구의 위치가 달라지면 극도로 흥분하는 경우도 있다. 카너는 이러한 반응을 '상동보속성'이라고 했다.

플라스틱 뚜껑, 고무줄, 단추, 물과 같은 특정 사물에 강한 애착을 보이면서 그것들을 모아 가지고 다니거나 그 물건만 가지고 놀기도 한다. 어떤 자폐 범주성 장애 아동은 사물의 움직임에 집착하여 선풍기처럼 빙빙 도는 물체를 오랜 시간 지켜보기도 한다.

운동반응도 독특한 형태를 보이면서 뛰어오르고 팔을 펄럭이거나 손가락을 꺾거나 얼굴을 찡그리는 등의 행동을 반복적으로 보이기도 한다.

어떤 자폐 범주성 장애 아동은 의사소통의 어려움이나 감각자극에 대한 불편함, 변화에 대한 저항으로 벽에 자신의 머리를 박거나 머리카락을 잡아당기거나 물어뜯는 등의 자해행동으로 분노를 표출하기도 한다.

자폐 범주성 장애가 의심되는 아동에게서 자주 보이는 증상을 정리하면 다음과 같다.

- 시선을 마주치지 않거나 마주쳐도 공감적이지 않다.
- 표정이 풍부하지 않거나 부자연스럽다.
- 이름을 불러도 쳐다보지 않는다.
- 낯가림을 하지 않거나 부모 뒤를 쫓아 다니지 않는다.
- 도움을 요청하기보다는 혼자 하는 일이 많다.
- 사람들이 말한 것을 그대로 따라서 반복하거나 오래전 들었던 말을 따라 한다.
- 가리키는 몸짓을 잘 사용하지 않거나 엄마가 "저것 봐."라고 가리켜도 좀처럼 그쪽을 보지 않는다.
- 안거나 몸에 닿는 것을 싫어한다.
- 혼자놀이가 많고 엄마 놀이나 학교 놀이 등의 역할놀이를 좋아하지 않는다.

- 또래에게 관심이 적다.
- 음식물에 대한 선호가 분명하다.
- 가지고 싶은 것이 있으면 "저거 줘."라는 말을 하거나 몸짓으로 전하지 않고 부모의 손을 붙잡고 데리고 간다.

카너는 부모의 특정 성격이 아동의 발달에 부정적인 분위기를 조성하여 장애가 일어난다고 보면서 차갑고 거부적인 부모가 문제의 원인이라는 가설을 세웠지만 지지받지 못했다. 오히려 이런 초기의 양육방식이나 환경적 원인을 강조하여 자폐 범주성 장애를 가진 부모들에 대한 편견을 초래하는 부정적인 결과를 가져왔다.

최근에는 자폐 범주성 장애 아동의 원인에 대한 다양한 연구들이 이루어졌다. 예를 들어, 뇌와 관련 있는 신경학적 손상이나 뇌간핵과 편도핵의 구조 이상을 언급하기도 한다. 그 밖에 소뇌의 비정상적인 발달이 언어나 표정 단서에 따른 사회적 정보를 이해하는 데 큰 어려움을 초래한다고 주장하기도 한다. 때로는 유전적 원인을 주장하는 경우도 있다.

자폐 범주성 장애 아동이 일반적인 의사소통과 상호작용을 잘하지 못하는 것은 사회적 인지의 어려움을 가지고 있기 때문이라고 주장하는 사람들도 있다. 이들은 3~5세의 아동들은 일반적으로 타인의 입장을 고려하면서 그 사람이 무엇을 할지 예상하는데, 자폐 범주성 장애 아동은 '마음맹'mind-blindness; Loukusa et al, 2014이 있다고 설명하였다. 그들은 이것이 사회적 인지의 문제로 이어져서 타인의 관점을 포함한 관계를 발달시키는 데 어려움이 있다고 보았다. 그 밖에도 태내기 문제나 출산 시 문제, 임신과정에서 풍진이나 합병증 등을 원인으로 보는 사람들도 있다. 이처럼 원인에 대한 다양한 논의가 이루어진다는 것을 통해 자폐 범주성 장애 아동의 원인은 아직 명확하게 밝혀지지 않았다는 점을 알 수 있다.

10년 전에는 자폐 범주성 장애로 진단받는 아동은 2천 명 중 1명 정도의 비율이었으나, 최근 조사에서는 아동의 약 50명 중 한 명이 자폐 범주성 장애 아동이라는 진단을 받고 있다. 성별로 보면 남성이 많아서 여성의 약 4~6배라는 보고도 있다. 그러나 자폐 범주성 장애를 판단할 때는 대인관계나 의사소통 문제, 특정한 것에 집착하는 특성이나 제한적이고 반복적인 행동의 정도뿐만 아니라 이러한 특성이 일상생활에 얼마나 부정적인 영향을 주는지, 그리고 심리적·의료적 도움이 어느 정도 필요한지에 대한 충분한 고려도 포함되어야 한다.

자폐 범주성 장애 아동은 지적 손상 또는 언어적 손상을 가지는 것으로 알려져 있다. 그러나 지적 혹은 언어적 능력의 경우, 높은 지능을 가진 자폐 범주성 장애 아동도 많이 있어서 폭넓은 범위의 능력을 보이는 다양한 특성군이라 이해하는 것이 바람직하다. 그런데 평균 또는 높은 지능을 가진 경우라도, 서울 지하철 노선이나 숫자를 외우는 것에 대해서만 탁월한 기억력을 가지고 있는 것처럼, 능력이 고르게 발달하지 못한 어려움이 있다. 이런 특수성 때문에 자폐 범주성 장애 아동의 90%가 성인기까지 가정이나 사회생활에서 장애를 나타낼 수 있다고 알려져 있다. 그러나 콜로라도 주립대학교 교수인 템플 그랜딘 박사처럼 특별한 인지적 능력을 긍정적으로 잘 활용한 예도 있다. 그녀는 독특한 시각화 기술을 적용하여 가축의 마음과 감각에 대한 통찰을 연구했으며, 이를 바탕으로 동물을 위한 기구나 설비를 고안해 냈다.

프랑스어로 '영리한'의 의미를 가진 서번트는 정신장애나 지적 장애를 가진 사람들의 특별한 능력을 일컫는다. 자폐 범주성 장애 아동 중에는 지적 능력과 상관없이 서번트 능력을 보이기도 한다. 연구자들은 서번트 능력 중 하나로 자폐 범주성 장애 아동이 보이는 특별한 기억능력을 말하며, 이는 어느 한 가지에 강한 초점을 맞추는 그들의 특징이 긍정적으로 나타난 결과라고 본다.

이러한 능력은 기억능력 외에도 대체로 시공간 능력, 계산능력, 음악이나 미술에서의 능력으로 나타난다. 모든 자폐 범주성 장애 아동이 이러한 능력을 보이는 것은 아니며, 보편적으로 자폐 범주성 장애 아동의 인지적 능력이 보이는 주요 특성은 지적 능력 안에서 고른 균형을 보이지 않는다는 것이다. 예를 들어, 글자를 가르치지 않아도 혼자서 읽기를 터득한 반면, 실제로 사용하는 어휘수가 적고, 간단한 동작 모방이 어려운 경우도 있다.

자폐 범주성 장애 아동을 어떻게 파악할까

아동의 자폐 범주성 장애의 여부는 주로 사회적 의사소통 및 상호작용 손상과 제한적이고 반복적인 행동 패턴을 기초로 평가하지만, 발병 시기를 고려하는 것이 필요하다. 일반적으로 생후

12~24개월에 나타나며, 자폐의 행동적 특징은 아동기 초기에 처음으로 명확해진다. 사회적 행동이나 언어사용의 점진적 또는 급격한 악화가 동반되는 경우도 있는데, 이는 대개 생후 첫 2년 동안에 나타난다.

그리고 이러한 증상이 또래관계나 학교생활처럼 중요한 사회관계에서 뚜렷한 어려움을 초래할 때 자폐 범주성 장애를 의심한다. 아동을 돌보는 성인들이 가장 잘 알고 의심하는 증상은 언어 발달의 지연이다. 그리고 아동의 지난 시간을 되짚어 보면서 어린 시기에도 종종 부모 등 친숙한 사람에게도 사회적 관심을 잘 나타내지 않거나 이상한 방식으로 놀이를 하거나 특이한 의사소통을 했다는 것을 깨닫는 경우가 많다.

증상은 유아기와 초기 학령기에 가장 두드러지며, 아동기 후기에는 최소 몇 가지 영역에서 개선을 보인다. 드물게는 청소년기에 행동적 퇴행을 보이는 경우도 있지만, 대부분의 경우에는 행동이 호전된다. 그리고 환경적 뒷받침이 제공될 경우, 성인기에는 독립적인 생활과 직업 활동도 가능하다. 일반적으로 손상의 수준이 낮은 경우에는 독립적인 기능을 더 잘 할 수 있다. 그러나 이러한 경우에도 사회적 기술의 부족함으로 인해 유연한 사회적 관계를 만들기 어렵고, 사회 조직 내에서 적응하기 어려울 수 있다는 점을 염두에 두어야 한다. 그러나 자폐 범주성 장애는 퇴행

성질환이 아니라 삶을 살면서 계속 배우고 보완해야 하는 장애라고 생각하는 것이 바람직하다.

즉, 자폐 범주성 장애 아동의 공통된 특성은 대인관계에 필요한 사회적 의사소통 및 상호작용의 어려움과 상동적 관심이나 행동이며, 각 특성의 정도와 드러나는 방식은 아동에 따라 다르지만 선천적인 것이기 때문에 그 같은 특성을 완전히 없애는 것은 쉽지 않다. 자폐 범주성 장애를 판단할 때는 주로 사회적 의사소통 및 상호작용의 손상과 제한적이고 반복적인 행동과 관심의 발현을 들고 있으므로 여기서는 이 두 가지를 중심으로 자폐 범주성 장애 아동의 특징을 다시 한번 정리해 보려고 한다.

사회적 의사소통 및 상호작용의 손상

자폐 범주성 장애 아동의 대표적인 특징은 주위 사람들과 사회적 의사소통과 상호작용을 잘하지 못하며, 이것이 지속적으로 나타난다는 점이다. 이러한 증상들은 아동기 초기부터 나타나며 일상생활을 할 때도 여러 가지 기능을 제한하거나 손상시킨다.

자폐 범주성 장애 아동은 유아기 때부터 타인과 흥미나 감정을 공유하려는 욕구가 적어서 사회적 상호작용을 시작하거나 타인에게 반응을 하는 데 실패하는 경우가 종종 있다. 때로는 사회적

욕구가 있어서 시도를 하지만 이들은 사회적 상황에 적합한 행동을 하는 데 어려움을 보인다. 또한 상상놀이를 공유하거나 친구를 사귀는 것에 관심이 적어서 타인과의 관계를 발전시키는 데 어려움을 가지기도 한다.

일부 아동은 상호작용을 위해 필요한 감각기관 중 사람들이 자주 쓰는 청각이나 시각처럼 신체에서 멀리 있는 감각기관보다 촉각이나 후각을 사용하기 때문에 사람들과의 관계가 어려워지는 경우도 있다.

이처럼 자폐 범주성 장애 아동은 사람에 대한 관심이 약하고 다른 사람과의 관계를 맺거나 의사소통을 할 때 독특한 방식을 보인다. 때로는 상대의 기분이나 상황에 따라 적용해야 하는 말이나 행동을 이해하기 어려워서 사실에 기반한 행동을 하는 경향이 강하다. 이처럼 대인관계에서 임기응변적인 유연함이 없어서 주변의 오해를 받는 경우도 많다. 대인관계에서의 특징은 유아기부터 보이지만 연령에 따라 표현 방법은 변화된다.

사회적 의사소통과 상호작용의 손상은 아동의 연령, 지적 수준, 언어능력과 같은 다양한 요인에 따라 광범위하게 드러나기 때문에 이러한 부분에 대한 충분한 고려가 있어야 한다. 예를 들어, 언어결함을 가진 경우라도 말을 전혀 하지 않는 경우부터 언어지연, 말에 대한 이해력 부족, 반향어 또는 부자연스러운 언어표현까지 자폐 범주성 장애 아동이 어려움을 나타내는 언어의 형태나 수준은 그 범위가 넓다. 또한 어휘나 문법적 오류가 나타나지 않는 등 언어기술의 발달에 어려움이 없다고 하더라도 상호적인 사회적 의사소통에서 사용하는 언어가 손상되어 있는 경우도 있다.

자폐 범주성 장애 아동의 경우에 언어는 대개 일방적이며, 사회적 상호성이 결여되어 있어서 자신의 생각을 말하고, 다른 사람의 의견을 듣거나, 감정을 공유하거나 대화를 나누기보다는 요구를 하는 목적으로 언어가 사용되는 경우가 많다.

자폐 범주성 장애 아동은 사회적 상호작용을 위한 비언어적 의사소통도 적으며, 혹시 하더라도 특이한 몸짓이나 얼굴 표정을 보이며, 말하는 억양은 단조롭고 다양하지 않다. 자폐 범주성 장애 아동은 다른 사람과 관심사를 공유하기 위해 물건을 가리키거나 보여 주는 행동, 또는 다른 사람이 손가락으로 가리키는 것을 함께 바라보는 행동을 잘하지 못한다. 학습을 통해 몇 가지의 기능적 몸짓을 하더라도 그 레퍼토리가 다양하지 못하며 의사소통할 때 자발적으로 무언가를 묘사하는 몸짓을 잘 사용하지 않는다. 유창한 언어를 사용하는 또래처럼 비언어적 의사소통을 조화롭게 사용하는 데 어려움이 있어서 이상하고 경직되거나 과장된 몸짓 언어를 사용하곤 한다. 이와 같은 손상은 개인에 따라 상대적으로 미묘하게 다르게 나타날 수 있으나 사회적 의사소통을 위해 눈 맞춤, 몸짓, 자세, 운율, 표정 등을 통합하는 능력은 빈약하다고 할 수 있다.

타인과 관계를 맺고 생각과 감정을 공유하는 능력의 결핍은 자폐 범주성 장애 아동에게서 흔히 볼 수 있다. 이들은 사회적 상호작용을 하거나 다른 사람과 감정을 잘 나누지 못한다. 사람과의 관계를 발전·지속시키고 이해하는 능력의 결함은 연령과 성별, 환경을 고려하면서 이해해야 한다. 사회적 관계에 대한 관심이 없거나 타인에 대한 거부를 보이기도 하고, 수동적이거나 반대로 상황에 적절하지 않으면서 조절이 안 되는 특이한 사회적 시작행동을 보일 수도 있다. 이러한 어려움은 어린 아동에게서 흔히 나타나는데 사회적 놀이나 모방능력이 부족하고 고정된 자신만의 방식에 의한 놀이만 고집하는 경우가 많다. 그러나 성장하면서 우정을 쌓는 것이 어떤 역할과 책임을 수반하는지는 잘 몰라도 친구들과 우정관계를 맺고 싶어 하는 경우도 있다.

제한적이고 반복적인 패턴의 행동, 관심 분야 및 활동

자폐 범주성 장애 아동은 제한적이고 반복적인 패턴의 행동이나 흥미 또는 활동이 두드러진 특징이다. 무언가를 할 때의 방법이나 순서, 물건의 배열 등에도 강한 집착이 있으며, 생각한 방식과 차이가 있으면 불편해하면서 상황에 맞추어 유연하게 변경하는 것이 어렵다.

상동행동과 상동적 관심

상동적이거나 반복적인 행동은 손가락 끝으로 물체 튕기기 같은 단순 운동 상동증과 장난감 정렬하기와 같은 물체를 반복적으로 같은 방식으로 사용하는 것이 대표적이다. 자폐 범주성 장애 아동은 유아기부터 특정 물건이나 종류, 규칙에 강하게 집착을 하기도 하고, 좋아하거나 싫어하는 것이 극단적일 수 있다. 어린 아동은 기계, 전철이나 곤충, 공룡, 숫자, 기호 등에, 청소년은 게임, 애니메이션과 같은 한 가지에 몰두하기도 하고, 그렇게 되면 주변의 다른 것에 관심을 갖지 않는 경향이 있다. 이처럼 강한 흥미나 열정을 가지고 집착하는 동안에는 그 범위가 좁아서 흥미를 가진 것에 대해서는 놀라운 성취를 보이지만, 집착하던 대상이 변하면 이전 대상에 대한 집착은 거의 사라져 쳐다보지 않기도 한다. 또한 자신이 관심을 가지거나 어떤 것을 할 때 자신만의 속도를 유지하고 싶어 하는 경향이 강하다.

기이한 걸음걸이, 운동능력의 서투름, 특이한 운동징후를 포함하는 운동결함도 자주 나타낸다. 예를 들면, 손뼉을 치거나, 폴짝폴짝 뛰거나, 장난감 차의 타이어를 계속 돌리는 등 같은 행동을 끊임없이 반복한다. 잠시도 가만히 있지 못하는 듯한 과잉 에너지를 보이는 아동도 있으며, 신체의 움직임이 둔하며 운동을 싫어하는 아동도 있다. 머리 박기나 손톱 물어뜯기와 같은 자해 행동을 드러낼 수 있으며, 이러한 파괴적인 행동은 지적장애와 같은 다른 장애에 비해 아동기나 청소년기에 자주 보인다.

상동적 언어와 변화에 대한 저항

상동적 언어의 특징은 들었던 말을 그대로 따라 하거나 문구 또는 운율을 동일하게 반복적으로 사용하는 언어 등이 포함된다. 동일한 언어를 반복하는 것은 자폐 범주성 장애 아동의 언어표현에서 드러나는 반향어 사용에서 볼 수 있다.

또한 자폐 범주성 장애 아동은 자신이 좋아하는 과자의 포장이 바뀌는 것과 같은 사소한 변화에 지나치게 집착한다. 그리고 규칙에 대한 고수를 강조하면서 변화에 대해 극심한 저항을 보이는 행동 패턴을 보이기도 한다. 변화에 대한 저항으로 불안감이 높아져 반복적인 질문을 하는 것도 흔히 볼 수 있는 자폐 범주성 장애 아동의 행동이다.

진공청소기에 지나친 관심을 보이거나 가정에서 흔히 사용하는 청소기, 믹서기 등을 무서워하고 싫어하는 것처럼 제한적이고 고정된 관심이나 흥미는 그 강도나 초점에서 부적절한 경향을 보이기도 한다. 이러한 특성은 감각자극에 대한 과잉반응 또는 과소반응과 연관이 있다.

통증이나 온도에 대한 명백한 무관심, 특정 소리나 감촉에 대한 부정적인 회피반응, 과도한 냄새 맡기 또는 물체 만지기, 빛이나 움직임에 대한 시각적 매료 등 감각 정보에 대한 과잉반응이나 과소반응을 보이기도 한다. 그 외에도 생활에서 나타날 수 있는 감각 영역에 대해 특이한 관심을 보일 수 있다.

자폐 범주성 장애의 경우 지적 기능과 적응기능 간의 차이는 대체로 큰 편이다.

자폐 범주성 장애의 심각도는 상당한 수준의 지원, 많은 지원, 일정한 지원의 3단계로 나뉜다. 첫째, 상당한 수준의 지원을 필요로 하는 경우는 언어적 · 비언어적으로 사회적 의사소통 기술에 심각한 결함이 있고 이로 인해 심각한 기능상의 손상이 있는 경우이다. 사회적 상호작용을 맺는 데 극도로 제한적이며, 사회적 접근에 대해 최소한의 반응을 보인다. 그리고 융통성 없는 행동, 변화에 대처하는 데 극심한 어려움, 다른 제한적이고 반복적인 행동이 모든 분야에서 기능을 하는 데 뚜렷한 방해를 한다.

둘째, 많은 지원을 필요로 하는 수준은 언어적 · 비언어적인 사회적 의사소통 기술에 뚜렷한 결함이 있고, 지원을 해도 명백한 사회적 손상이 있음을 의미한다. 따라서 사회적 의사소통의 시작이 제한되어 있고 사회적 접근에 대한 비정상적인 반응을 보인다. 융통성 없는 행동, 변화에 대처하는 데 어려움, 제한적이고 반복적인 행동이 우연히 관찰한 사람도 알 수 있을 정도로 자주

나타나며, 다양한 맥락에서의 기능을 방해한다.

셋째, 일정한 지원이 필요한 수준은 지원이 없을 때에는 사회적 의사소통의 결함이 분명한 손상을 보이는 정도를 말한다. 사회적 상호작용을 시작하는 데 어려움이 있으며, 사회적 접근에 대한 비전형적인 반응이나 성공적이지 않은 반응을 보인다. 사회적 상호작용에 대한 흥미가 감소된 것처럼 보일 수 있다. 융통성 없는 행동이 한 가지 또는 그 이상의 분야의 기능을 방해한다. 활동 전환이 어렵다. 조직력과 계획력의 문제는 독립적 수행을 방해한다.

  기능적 손상이 명확하게 나타나는 시기는 개인의 특징과 개인
이 처한 환경에 따라 다르다. 주된 진단적 특징은 발달 시기에 분
명히 나타나지만, 개입, 보상, 지원에 따라 적어도 몇 가지 방면
에서는 문제가 덜 명확하게 드러난다. 자폐 상태의 심각도, 발달
단계, 연령에 따라 자폐 범주성 장애 아동마다 개개인이 상당한
차이를 보이기 때문에 최근에는 스펙트럼 또는 범주라는 용어를
사용한다. 자폐 범주성 장애 아동은 과거에 유아기 자폐증, 아동
기 붕괴성 장애, 아스퍼거 장애로 불렸던 장애들을 아우르는 진
단이다. 자폐증의 특징을 가진 장애는 전형적 자폐증을 포함하
고 언어와 인지발달의 지체가 있느냐의 여부에 따라 아스퍼거 증

후군과 그 외의 전반적 발달장애 진단군으로 나뉘었다. 전형적인 자폐증은 언어의 발달이 지체되고 상호 간의 의사소통을 하는 것이 어렵고, 아스퍼거 증후군은 언어의 지체가 없고 비교적 의사소통을 하기 쉬운 특징이 있었다. 그러나 이러한 진단들에는 대인관계의 어려움이라는 공통된 특징이 있었다. 그 때문에 별개의 장애로 생각하지 않고 무지개처럼 여러 색이 포함된 하나의 집합체로서 취급하여 자폐 범주성 장애라고 보고 있다. 이러한 다양한 진단적 특성을 반영하는 용어인 자폐 범주성 장애는 아동 한 명 한 명의 개별적 특성을 이해한 지원이 중요하다는 점을 강조

하는 것이기도 하다.

그리고 진단기준의 또 하나는 '임상적으로 뚜렷한 사회적, 직업적 또는 현재 다른 중요한 기능 영역의 손상'을 일으킬 때 비로소 진단을 하게 된다는 것이다.

자폐 범주성 장애 아동의 70%가 한 가지의 동반된 정신질환을 가지고 있으며, 40% 정도는 2가지 이상의 정신질환을 함께 언급한다. 이것을 동반장애comorbidity라고 부른다. 이들은 일반적으로 불안장애나 우울장애를 보이기도 하며, 때로는 읽기나 쓰기처럼 특정 영역의 학습능력에서 어려움을 보이기도 한다. 또한 어린 아동은 눈-손협응 장애, 혹은 소근육 사용의 어려움을 드러낸다. 수면이나 배변, 제한적인 섭식의 문제도 자폐 범주성 장애에서 자주 보이는 특징이다.

지금까지 열거한 자폐 범주성 장애 아동의 특징은 그것만으로 반드시 생활에 지장을 초래한다고 말할 수 없다. 따라서 질병이나 증상이라고 여기는 것보다 그 아동이 태어날 때 가지는 특유의 특성으로 생각하고, 각 개인의 특성을 이해하여, 가족 및 주변 사람들이 자폐 범주성 장애 아동이 사회에서 살아가는 데 겪는 어려움을 경감시켜 주면서 잘하는 것을 향상시켜 주는 지원이 필요하다.

이들에 대한 치료는 약물보다는 교육적 개입을 많이 한다. 무엇보다 조기에 치료적 교육을 받는 것이 그 이후 생활의 어려움을 줄일 수 있다. 다만 지나치게 흥분하거나 패닉 또는 자해, 공격성을 드러내거나 불면을 호소하는 경우에는 각각의 증상에 대한 약물치료를 한다. 자폐 범주성 장애 아동의 일차적 문제는 고유의 행동, 관심, 감각적 문제와 함께 사람과의 관계가 어렵고 맥락을 이해하면서 주변과 맞추는 것이 어렵다는 특성에서 발생하는 생활상의 문제이다. 정교한 교육적 지원을 통해 이러한 문제를 경감시키는 것이 가능하다.

한편, 이차적 문제는 본인이 받은 과도한 스트레스나 상처가 이유가 될 수도 있다. 자폐 범주성 장애 아동의 특징 때문에 보호자나 교사로부터 지나친 제지를 지속적으로 당하거나 또래 아동에게서 따돌림을 당하거나 학교 공부를 따라가지 못하거나 학교 적응이 어려우면 생활 속에서 실패와 좌절을 반복할 가능성이 크다. '열심히 했는데도 잘하지 못한다.' '나는 안 되는 아이' 등의 자신감 상실은 이차적인 신체증상이나 정신증상을 초래한다. 두통, 복통, 식욕부진, 틱과 같은 신체증상이나, 불안, 우울, 긴장, 흥분 발작 등의 정신적 증상, 그리고 등교거부나 은둔, 폭언, 폭력, 자해 행동과 같은 이차적 문제로 이어지기 쉽다.

일차적 문제	
특성에 대한 이해 부족 실패와 좌절 자존감의 저하	특성에 대한 이해 적절한 환경 조성
↓	↓
이차적 문제 발생 - 신체 증상 - 정신 증상 - 등교 거부/은둔 - 폭력적 언어와 행동 등	- 적응할 수 있는 환경

　　이러한 이차적인 문제를 일으키면 주변 사람들이 자폐 범주성 장애 아동을 부정적으로 바라보며 점점 이해하지 못하고, 이것이 다시 이들의 스트레스를 증가시키는 악순환으로 이어진다. 따라

서 자폐 범주성 장애 아동을 위해서는 가능한 한 빠르게 아동의 특성을 파악하여, 이해하며 지원하여 스트레스를 느끼지 않는 생활습관이나 환경을 조성하는 것으로 이차적 문제를 최소화하는 것이 중요하다.

자폐 범주성 장애 아동은 가능한 것과 잘하지 못하는 것이 확실하다. 잘하는 것은 발달시키고 잘하지 못하는 것은 다른 사람에게 도움을 받으면서 사회생활에 필요한 힘을 길러 가야 하기 때문에 이 두 가지의 균형을 잘 이루는 것이 중요하다. 그렇기 때문에 자폐 범주성 장애 아동 치료의 기본은 자폐의 특성과 개별적 특성을 반영한 치료나 교육이라고 생각한다. 각각의 상태나 특성에 맞는 치료 및 교육 프로그램은 아동의 잠재력을 이끌어 내고 부족하고 어려운 부분은 향상될 수 있도록 지원하여 생활상의 적응에 있어서 어렵고 곤란한 부분을 줄이도록 도움을 줄 수 있다.

대인관계의 문제나 어떤 특정한 것에 집착하는 특성으로 인해 생활에 어려움을 초래할 때 자폐 범주성 장애라는 진단을 하게 된다. 이것은 바꾸어 말하면 이와 같은 특성이 있어도 생활에 지장을 초래하지 않는다면 장애로 보지 않을 수 있다는 것을 의미한다. 즉, 특성 그 자체는 질병이나 증상이 아니라 그 사람 특유의 것이라고 보는 여유를 가지는 것이 중요하다고 할 수 있다. 사회구성원들이 자폐 범주성 장애 아동을 태어날 때부터 특유의 뇌의 작동 방법을 가진 개성으로서 이해하는 적극적인 자세를 가질 때 그 사회는 모두가 함께 어울려 생활하는 성숙한 사회가 될 수 있을 것이다.

Part 2

자폐 범주성 장애 아동 · 청소년을 어떻게 도울 것인가

자폐 범주성 장애 아동의 지원에서 가장 많이 강조되는 것은 조기 발견과 조기개입이다. 자폐 범주성 장애는 조기에 발견한 후 적절한 교육과 치료방법으로 발달에 도움을 주는 여부에 따라 예후가 달라질 수 있기 때문이다. 또한 자폐 범주성 장애는 생애 전반에 걸쳐 지속되면서 청소년기, 성인기에는 다른 양상을 보이기도 하여 당면한 발달과업이 달라지게 된다. 따라서 자폐 범주성 장애 대상자를 위한 지원 서비스나 방법들은 연령과 그 개인의 특성에 맞게 고려하고 결정하여 제공하여야 한다.

　자폐 범주성 장애 아동을 돕기 위한 여러 가지 방법을 고려하기 전에 우리는 자폐의 다양성에 대해 다시 한번 생각해 보아야 한다. '범주성'이라는 용어에서 드러나듯이, 자폐는 주요 진단적 특성을 가지고 있음에도 불구하고 사례에 따라 상당한 차이를 보인다. 1부에서 살펴보았듯이, 지적장애를 동반하는 자폐 아동도 있으며, 지적 능력이나 학업능력에 있어서 우수한 수준이나 성취도를 보여서 인지적 측면의 발달 지원이 불필요한 아동도 있다. 따라서 발달을 돕기 위한 여러 가지 방법을 적용함에 있어서도 다음과 같은 사항들을 고려해야 한다.

- 언어 · 인지 · 사회성 · 운동 · 적응 능력과 같은 주요 발달영
  역의 발달적 특성

- 구어, 비구어 사용 등 의사소통을 하기 위한 방법
- 감각적 예민함과 둔감함
- 불안감, 강박적 행동 등을 포함한 정서 조절을 포함한 정서적 특성
- 행동상의 특성_{예: 텐트럼}

2부나 3부에서 제시하는 지원방법들과 세부적인 활동들은 가정이나 교육 장면에 적용할 때에 앞서, 위에 제시한 자폐 범주성 장애 아동의 다양한 특성을 충분히 고려한 후 도와줄 영역과 방법들을 선택하고 적용하여야 효과적인 성과를 거둘 수 있다.

주요 발달영역별 능력을 알아내기

최근 영유아 검진에서 선별검사 및 발달검사를 실행하는 경우가 많아서 발달의 지연이나 특이성이 조기에 발견되는 경우가 많다. 발달검사결과들을 통해서는 발달영역별로 발달이 어느 정도 지연되었는지의 정도를 알 수 있다. 또한 필요한 경우 검사자나 진단가로부터 검사결과에 대해 설명을 들을 수도 있다. 대체로 자폐 범주성 장애 진단을 받은 아동은 의사소통·사회성·언

어·인지 능력과 관련된 영역의 발달 점수가 낮거나 각 발달영역별 수준이 불균형하게 나타날 가능성이 높다. 언어 영역은 아동에 따라 지연을 보이지 않을 수도 있다. 언어검사가 언어를 사용하는 소통과 관련된 내용적인 면을 측정하지 않고, 만약 어휘에 대한 지식이나 문장 표현 능력 등 양적인 면만을 측정하는 도구라면, 고기능 자폐의 경우 언어영역에서의 발달지연이라는 결과는 보이지 않을 수도 있다. 그러나 자폐의 특성에서 살펴보았듯이, 자폐 범주성 장애 진단을 받았다면 맥락에 맞게 언어를 사용하는 면에서는 어려움을 보이게 된다.

자폐를 진단하는 도구들을 통해서는 주요 어려움을 보이는 사회성 및 의사소통, 행동 면에서의 발달적 특이성을 좀 더 심층적으로 파악하는 것이 중요하다. 진단적 특성인만큼 적절한 치료적 교육이 투입되어도 사회성, 의사소통, 행동상의 주요 어려움의 빠른 진전을 보이기는 어렵지만, 현재 발달의 특성을 상세하게 파악하는 것은 아동의 진단적 특성을 이해하고 어떻게 접근할 것인가를 결정하는 데 도움이 될 수 있다.

그런 의미에서 아동의 발달영역 프로파일 결과를 보는 것은 향후 어떤 교육과 치료를 할 것인가를 결정하는 데 중요한 영향을 미친다. 따라서 발달검사결과를 중심으로 발달적 결함을 보이는 영역은 어느 부분이고, 그 영역은 어떤 교육이나 치료들을 통해 발달에 도움을 줄 수 있을 것인가를 전문가와 상담하여 결정하는 것이 필요하다.

자폐 범주성 장애 아동을 도와주기 위한 효과적인 전략들

자폐 범주성 장애 아동에게 효과적인 전략들은 여러 가지 학술적 근거를 통해 알려져 있다. 여기서 학술적 근거를 중요하게 강조할 필요가 있는데, 이는 자폐 범주성 장애를 대상으로 한다면서 근거가 부족하거나 혹은 근거가 없는 치료나 교육방법이 현장에 많이 소개되고 있기 때문이다. 대안적인 방법일수록 학술지 발표를 통한 과학적 방법으로 검증한 축적된 근거를 제시하기보다 신뢰할 수 없는 특정 사례들을 중심으로만 홍보하고 있어서 자폐 범주성 장애 자녀를 둔 부모나 교사, 치료자들을 혼란스럽게 한다.

이 책에서는 이미 효과가 입증되었으며, 근거가 확보되어 있어서 다양한 문헌들에 소개되고 있는 전략이나 방법의 공통된 내용을 중심으로 그리고 쉬운 전략들의 실질적 활용을 중심으로 설명하고자 한다.

[궁금해요]

보완 대체치료의 효과

자폐 범주성 장애의 원인에 대한 불명확한 근거들과 확실하지 않은 결론 때문일 수도 있지만, 자폐 범주성 장애 아동들을 대상으로 한 보조치료제, 대체의학들은 부모들을 종종 혼란스럽게 한다.

인터넷을 통한 정보의 양도 상당해서 어떤 치료나 교육적 방법을 우리 아이에게 적용해야 하는지 혼란스러운 부모들이 완전히 치료되어 증상을 없앨 수 있다고 주장하는 치료나 접근방법을 만났을 때 외면하기는 어렵다. 문제는 완치를 내세워 근거 없는 다양한 치료나 교육방법으로 중요한 시간과 비용을 쓰게 하여 자폐 범주성 장애 아동의 가족들을 힘들게 한다는 것에 있다.

어느 나라에서건 이러한 결정의 어려움을 돕는 방법으로 가장 많이 권고하는 것은 학술지를 통해 긍정적 효과나 부정적 결과를 제시하고 있는 충분한 근거를 확보해 둔 전략이나 치료방법인지를 검토하여야 한다는 것이다. 국내에서도 자폐학회나 부모들의 모임인 한국 자폐인 사랑협회 차원에서 그 위험성에 대해 여러 번 발표하거나 교육을 하고 있다.

⊙ 참고 도서

김붕년 외(2017). 자폐부모 교육. 서울: 학지사.

이소현(2005). 자폐 범주성 장애: 중재와 치료. 서울: 시그마프레스.

{ 구조화 }

구조화는 자폐 범주성 장애 아동이 어떤 활동에 참여하든 적극적인 참여를 도울 수 있는 방법이다. 즉, 아동이 생활환경이나 학습환경에서 무엇을 해야 할지를 쉽게 알려 주는 환경을 만들어 주는 것이다. 특히 다음 일을 예측하기 어려워서 불안감이 쉽게 상승되는 자폐 범주성 장애 아동에게 효과적인 방법이다. 대표적으로 구조화를 위해 사용되는 방법은 시각적 지원인데, 대체로 환경을 구조화하고 일과를 알려 주는 데 활용된다. 많이 사용하는 구조화 전략 중에서 가정에서 적용할 만한 것들을 제시하면 다음과 같다.

✿ **시각적 단서를 사용한 구조화 전략 예시**

• 구조화를 하기 위해서는 시각적인 단서를 많이 사용해야 한다. 예를 들어, 활동하는 공간을 구분해 주기 위해 색깔이 다른 카펫을 사용하거나, 개별학습 공간과 놀이 공간을 구분하는 칸막이나 벽을 만들어 준다.

• 시각적인 단서는 이렇게도 활용한다. 공룡을 좋아하면서 착석하기 힘들어하는 아동에게 티라노 스티커를 의자에 붙여 주어서 자신의 의자라는 것을 알게 해 주기, 방문에 누구의

[양치질의 순서를 알려 주는 시각적 과제 구성도]

방인지를 표시하는 사진을 붙여 주기, 신발을 신고 집 안으로 들어오는 아동을 위해 현관 앞에 녹색 선과 발바닥 모양 스티커를 붙여 놓아 알려 주기

✿ 시각적 스케줄

• 시각적 스케줄을 사용하는 것은 아동의 일과표를 마련한다는 것을 의미한다. 사진, 그림, 글자 중 아동이 보고 이해할 수 있는 수단을 선정하여 하루의 일과표를 만든다. 일과가 끝난 후에는 줄을 그어서 지우거나 떼어서 상자에 넣거나 뒤

로 넘기는 등 '지금 한 것'은 다했고 '이제 무엇을 할 것'이라는 것을 알 수 있게 해 주는 것이 중요하다.

- 스케줄을 활용하는 것은 하루 일과만을 표시하는 게 아니라 과제의 순서를 보여 줄 수도 있으며, 아동이 학업을 하게 되는 연령이 되면 책상에 앉아서 숙제 등을 해야 하는데 이때 과제를 어떤 순서로 해야 하는지를 알려 주는 과제 완성 일정이 될 수도 있다_{과제 구성도}.

- 달력에 특별한 날을 표시해 주는 것도 시각적 스케줄을 활용하는 방법이다. 즉, 엄마나 아빠의 생일, 치료센터 가는 날 등을 달력에 표시하는 것으로 무엇을 하는 날인지를 알 수 있게 해 준다.

{ 시각적 지원 }

시각적 지원은 구조화하기 위한 방법들로 활용되기도 할 뿐 아니라 다양한 자폐 범주성 장애를 지원하기 위한 전략으로 활용된다. 특히 자폐 범주성 장애 아동이 지닌 특성이 시각적인 자극에 민감하고 이를 통한 학습이 뛰어난 편이라고 알려져 있어서, 이미 알려진 다양한 전략들에는 시각적 자극을 제시하는 것이 포함되어 있다고 할 수 있다.

'먼저-다음에' 전략은 먼저 이것을 하고, 다음에 이것을 할 것임을 약속하는 표식그림, 사진 등을 자폐 범주성 장애 아동에게 보여 주어서 불안감도 낮추고, 그 일과의 참여도를 높이기 위한 목적으로

[먼저]   [다음에]

활용될 수 있다. 이 전략은 문제 행동을 예방하는 데에도 효과적이다.

[타임타이머]

출처: 아이소리몰(www.isorimall.com)

또한 과제나 놀이를 언제까지 해야 하는지를 안내하기 위해 아동이 눈으로 확인할 수 있는 타이머를 사용하는 것도 시각적 지원의 하나이다.

{ 반복과 변형 }

모든 발달에 필요한 기술은 학습이 가능하다. 자폐 범주성 장애 아동의 학습에 필요한 전략들에는 반복학습이 있으며, 이는 다른 아동에게 효과적인 이유와 다르지 않다. 자폐적 성향은 반복을 통해 패턴을 만드는 경향이 있으므로 자폐 범주성 장애 아동의 학습에서의 반복은 이를 이용하는 것이라 할 수 있다.

반복하는 것을 통해 패턴을 익히게 하고 기대에서 벗어나는 것을 싫어하는 자폐의 특성상 기대된 것대로 반응을 나타내려 하는 것을 반복적으로 다시 연습하도록 도와주면 쉽게 학습할 수 있다. 특히 자폐 범주성 장애 아동에게 효과적인 시각적인 지원을 하면서 반복학습을 병행하면 학습의 속도도 빠를 수 있다.

반복학습을 통해 어떠한 행동이나 기술을 익혔을 때는 점진적으로 변형을 시도하는 것이 좋다. 변형을 시도하는 것은 배운 것을 여러 상황에 적용하는 능력을 길러 주고, 너무 오랫동안 패턴을 반복하는 습관에 조금씩 변화를 주어 다양한 문제해결 능력을 향상시켜 주기 위함이다. 따라서 변화가 있을 것임을 미리 알려 주고 약간씩 변형을 시도함으로써 좀 더 확장된 기술을 습득할 수 있는 기회를 만들 수 있다.

{ 비디오 모델링 }

비디오 모델링은 아동으로 하여금 어떤 기술이나 행동을 시연하는 모습을 촬영한 영상을 보게 함으로써 그 기술이나 행동을 습득할 수 있게 하는 교수방법이다. 즉, 영상 속의 모델이 수행하는 행동을 관찰한 후 이를 모방하게 하는 교수전략이다[Buggey, 2005]. 비디오 모델링도 '시각적 지원'이나 '상황이야기'[57쪽 참조] 등 다른 전

[적절한 놀이방법을 동영상으로 보여 주기]

략들처럼 여러 가지 새로운 기술을 학습하게 하기 위해 활용되기도 하지만 문제 행동을 지원하기 위한 방법으로 자주 사용되기도 한다.

예를 들어, 놀이터에서 모래를 흩뿌리기만 하는 자폐 범주성 장애 아동의 경우, 또래들이 모래로 무언가를 만들면서 놀이하는 것을 영상으로 찍어서 아동에게 보여 주는 방법이다.

비디오 모델링은 모델이 될 사람이 누군가가 필요한데, 이때 가능한 한 또래 혹은 자기 자신을 모델로 활용하는 것이 바람직하다. 성인이 모델이 될 수도 있지만 성인은 아동과 연령이 달라서 동질감을 바탕으로 한 모방하고 싶은 동기 형성이 어려우며, 너무 나이 어린 아동 모델은 자폐 범주성 장애 아동의 자존감 형성에 도움이 되지 않을 수도 있다. 최근에는 자기 자신을 모델로 하는 것에 대한 효과 검증이 증가되고 있는데, 자폐 아동이 배워야 할 새로운 행동을 성인의 도움을 받아서 하나씩 수행하는 모습을 촬영한 후에 잘 편집하여 아동에게 '자기가 잘 하고 있는 모습'을 보여 주어서 자존감도 높여 주고 성장이나 발달을 가속화시켜 줄 수도 있다. 예를 들어, 사회적 의사소통을 잘 안 하는 자폐 아동이 놀이시간에 친구들과 질문하고 대답하는 장면을 성인의 지도로 매일 한두 가지씩 촬영한 후 모아서 편집하여 놀이시간 전에 보여 준다. 또는 요구할 것이 있을 때 성인의 손을 잡아끌거나, 말을 하기도 하는 등의 여러 가지 의사표현을 하는 자폐 범주성 장애 아동의 요구하는 장면을 촬영하여 가장 적절한 의사표현 눈을 맞추고 말을 하거나 가리키는 행동 행동을 선정해서 편집한 후 보여 준다.

{ 상황이야기 }

상황이야기는 1993년 Carol Gray가 소개한 전략으로 맥락에 적합한 사회적 이해가 부족한 자폐 범주성 장애 아동을 대상으로 사회적 이해를 돕기 위한 이야기를 구성해서 지원하는 것이다. 이야기의 소재는 대상자의 특성에 맞게 다양하게 선정할 수 있다. 예를 들어, 친구와 대화를 시작하는 이야기, 장난감을 가지고 친구와 사이좋게 놀이하는 이야기, 친구와 갈등을 해결하는 이야기 등을 소재로 한다. 이 전략은 자폐 범주성 장애 아동의 연령과 발달수준에 따라 이야기를 글자, 그림, 사진 등의 형태로 제시할 수 있다.

자폐 범주성 장애 특성을 반영한 특수교육 운영 모델 개발 연구, (이소현 외, 2016)

지호는 9세 자폐 범주성 장애 학생이다. 지호는 요리하기 시간을 제일 좋아하지만 음식을 만들기 전 모자를 쓰고 손을 씻고 준비하는 과정에 참여하는 것을 어려워한다. 또한 음식을 만드는 과정에서 재료에 손을 대지 않고 기다리는 것도 힘들어한다. 교사는 교수 계획을 세우기 전에 가정에서의 생활을 알아보기 위해 어머니와 통화하였다. 지호는 가정에서도 음식 만들기를 좋아하며, 특히 어머니가 간식을 준비할 때 옆에서 함께 준비하는 것을 좋아한다고 하였다. 그리고 어머니는 지호가 옆에서 계속 말을 해 주어도 음식을 만들기 전에 손을 씻는다거나 요리하는 동안 위생적인 과정을 지키기 힘들어한다고 하였다. 원래 지호는 씻는 것을 싫어하고 앞치마나 모자를 쓰는 것은 더 싫어한다고 덧붙였다. 교사는 요리 시간에 적합하고 위생적인 행동을 습득할 수 있도록 상황이야기를 사용하기로 하였다.

[요리를 할 때 모자를 써요]

- "학교에서 요리를 하는 시간은 즐겁습니다. 친구들과 함께 만들고 맛있는 것을 나누어 먹을 수도 있기 때문입니다."
- "요리를 할 때 나는 모자를 씁니다. 모자를 쓰면 먹는 음식에 머리카락을 떨어뜨리지 않을 수 있습니다."
- "나는 깨끗한 요리를 할 수 있습니다. 요리가 끝난 후 친구들과 함께 먹으면 더 맛있습니다."

상황이야기는 자폐 범주성 장애 아동을 주인공으로 하여 이야기를 만들어서 간단한 문장 몇 가지로 구성하여 읽어 주는 것으로 적용할 수도 있다. 단, 상황이야기에서 사용하는 문장은 사실을 설명하는 설명문, 지도하기 위해 사용하는 분명하고 정확한 행동이 기술되어 있는 지시문, 등장인물의 생각과 느낌, 감정을 알 수 있게 만들어 주는 조망문, 주변이 부여하는 의미나 가치를 알게 해 주는 긍정문으로 구성되어야 한다. 앞서 제시한 사례는 상황이야기 적용의 예이다.

비연속 개별시도 교수

비연속 개별시도 교수는 응용행동 분석ABA을 기반으로 하는 기본적인 행동중재 전략이다. 비연속 개별시도 교수는 하나의 식별 자극이 대상 아동에게 주어지고, 그 자극에 대한 반응이 있은 후, 반응에 뒤따르는 부모나 교사의 반응이 있는 것을 하나의 시도로 보고 정반응이 나타나도록 이 시도를 반복하는 훈련을 하는 과정을 의미한다. 즉, 비연속 개별시도 교수는 주로 일대일 상황에서 이루어지며, 과제를 쉬운 단계로 나누어서 정확하고 분명한 방법으로 교수하고, 교수 후 아동이 반응하면 그 반응을 기초로 피드백을 주는 과정으로 이루어지는데, 피드백을 주고 나면 한 차례의 교수활동이 끝나고 다음 교수활동이 시작될 때까지 분명한 간격을 두기 때문에 교수시도가 비연속적이라고 말한다Alberto & Troutman, 2003. 비연속 개별시도는 전략의 특성상 장애 정도가 심하거나 대상자가 영유아기일 경우, 반복 학습이 필요한 기술이나 행동이 교수 목표가 될 경우에 효과적일 수 있다. 그러나 인위적 상황에서의 일대일 반복학습이기 때문에 점진적으로 자연스러운 상황에서 자연스러운 강화를 통해 학습시키는 것으로 변화시키려는 노력이 필요하다. 또한 아동이 개별적인 피드백을 통해 반복적으로 학습하는 것에 대해 부담스러워하고 실패에 대한 두려움이 커서 생기는 불안감 상승이 학습 참여에 부정적인 영향을 미치는 정도라고 판단되면, 어린 연령이라 하더라도 비연속 개별시도의 즉각적인 효과를 보기 어렵다. 또한 유아기 이후의 연령에는 자연스럽게 또래 안에서 배워야 하는 많은 기술들이 있으며 또래를 통해 배우는 또래중재 전략의 긍정적 성과가 보고되고 있어서 또래들이 함께하는 중재로 변화시키거나 병행하는 것이 필요하다.

의사소통의 어려움을 이해하고 도와주는 방법

자폐 범주성 장애 아동의 언어 문제는 아동이 말구어을 할 수 있는가 아닌가의 문제보다는 말을 할 수 있는 자폐 범주성 장애 아동이 알고 있는 말도 잘 사용하려 하지 않는 경향이 있어서 언어 사용 측면의 어려움이 있다는 것에 있다. 의사소통의 목적은 요구, 거절, 관심끌기 등 다양하지만, 자발적인 의사소통이 부족한 자폐 범주성 장애 아동은 대체로 언어표현의 목적이 요구하거나 도움을 청하는 것에 있기 쉽다. 또한 몇몇 자폐 범주성 장애 아동은 요구나 도움을 청하는 것에 있어서조차 타인과 의사소통을 하지 않는 경향이 있다. 예를 들어, 무언가를 꺼내려고 할 때에도 스스로 의자를 놓고 올라가서 꺼내려 하는 등 어떻게든 자신의 힘을 써서 해 보려 하면서 웬만한 것들은 부모에게 요구하지 않고 알아서 해결하기도 한다. 그리고 잘 안 되는 것들은 적절한 의사소통 방법으로 도움을 청하기보다 쉽게 포기하려 한다. 뿐만 아니라 요구나 도움을 청하기 위해 의사소통을 한다 하더라도 자폐 범주성 장애 아동은 적절한 소통의 방법보다는 다른 사람의 손을 잡아끌어서 물건 위에 놓고 기다리거나, 높은 곳의 물건을 꺼내기 위해 자신을 들어 올리라고 부모의 손을 자신의 겨드랑이

밑에 끼우려 하거나, 부모의 손을 던지듯이 높이 있는 물건을 향해 던지는 행동을 하는 등 소극적이면서도 독특한 방법을 사용하기도 한다.

1부에서 자폐 범주성 장애 아동의 의사소통 특성을 이미 살펴본 것처럼, 언어를 사용하는 아동의 경우에도 반향어, 혼잣말, 단조로운 억양 등의 특성을 보이고, 의사소통할 때 또래들이 사용하는 몸짓, 표정, 눈 맞춤을 함께 사용하지 않아서 의사소통 의도를 잘 파악하기 어렵다.

따라서 자폐 범주성 장애를 위해서는 구어_{speech}나 언어_{language}의 어려움보다는 의사소통, 특히 타인과의 사회성이 기반이 되는 사회적 의사소통의 문제라는 진단적 특성에 주목해야 한다. 사실 대체로 부모를 의식하기 시작하는 전형적인 발달을 하는 영아가 부모와 끊임없이 지속적으로 무언가 소통하려는 경향을 보인다는 면을 생각해 보면 자폐 범주성 장애 아동은 초기 발달부터 사회적 의사소통 면에서 상당한 차이를 보인다고 할 수 있다. 따라서 이런 특성을 보이는 아동들과 소통하기 위해서는 어떤 것들이 필요한지를 이해하는 것이 필요하다.

의사소통 의도를 알아채야 한다

자폐 범주성 장애 아동과 의사소통을 하기 위한 노력을 하기 전에 기억할 것이 있다. 의사소통을 시작한다는 것은 꼭 입 밖으로 내는 정확한 말이 아니어도 가리키기, 눈빛, 소리 내기, 발 구르기 등 여러 가지 의사소통 행동으로 가능하다는 것이다. 따라서 의사소통을 하려는 시도가 중요하다는 것을 염두에 두어야 한다.

의사소통을 도와주기 위해서는 먼저 아동이 어떤 말을 하고 싶은 것인지를 알아야 한다. 의사소통을 시작할 때는 대체로 요구하기 위한 표현을 가장 많이 하게 된다. 무언가 하려는 데 잘 안 되거나 원하는 것을 달라는 표현으로 의사소통을 시작한다. 비록 의사소통 시작이 엄마의 손을 끌고 가는 것이거나 냉장고 앞에서

뭐 줄까?

발을 구르는 형태라 할지라도 의사소통 파트너는 아동의 의사소통 의도를 최대한 짐작해야 한다. 왜냐하면 의사소통 의도를 짐작해야 적절한 소통 방법을 가르쳐 주고 소통을 통해 원하는 것을 얻을 수 있다는 경험을 하게 하여 아동에게 의사소통의 효력을 알 수 있게 하기 때문이다. 이 경험은 아동으로 하여금 다음에 의사소통을 하고 싶게 만드는 원동력이 될 것이다. '무엇을 원하는 것일까? 무엇이 싫은 것일까? 무엇을 하고 싶은 것일까? 무엇을 가지고 싶은 것일까? 어디로 가자는 것일까? 왜 그리로 가고 싶은 것일까?' 아동의 특성을 면밀하게 관찰해 와서 잘 알고 있는 부모나 치료자, 교사일수록 의사소통의 목적이나 의도를 판단하는 것은 어렵지 않을 수 있다.

{ 의사소통 의도를 알아채고 미리 도와주지 않아야 한다 }

자폐 범주성 장애 아동의 의사소통 의도, 즉 기능_{의사소통하려는 시도가} 지닌 목적을 알아채고 미리 알아서 다 해 주는 것이 아동의 의사소통 능력을 발달시켜 주는 것은 아니다. 아동의 의사소통 능력을 발달시키기 위해서는 의도를 표현할 수 있도록 기다려 주고, 시범 보여 주고, 따라하게 하는 절차가 필요하다.

구어를 사용할 수 있는 아동이라면 "왜?"라고 물으며, "주세요." 라는 말이 나올 때까지 잠시 기다려 주어야 한다. 기다려도 요구 하는 말을 하지않으면 "'주세요'라고 말해야지"라고 안내한다. 또한 소리는 내지만 세 음절의 말을 모두 모방하기가 어렵다면 한 음절씩 따라 말하게 할 수 있다. 아동이 어느 정도 반복 경험을 하여서 '주세요'를 말해야 하는 상황을 알게 되었다면, '주'라고 첫 음절만 말해 주어서 아동이 잊지 않고 "주세요."라고 말을 할 수 있게 한다. 이렇게 의사소통을 시작한 후에 요구사항을 얻게 하는 것은 자폐 아동으로 하여금 의사소통의 필요성을 알고 사용하는 것을 연습하게 하기 위함이다. 보편적으로 자발적인 의사소통 시작을 어려워하는 아동도 먹고 싶은 것이나 갖고 싶은 것과 관련해서는 강력한 요구가 있게 마련이므로 생활 속에서 '주세요'를 가르칠 기회는 많다. 타인과 의사소통을 한다는 자체가 중요하기 때문에 구어 사용을 좀 더 원활하게 하기 위해 몸짓을 병행하거나 원하는 것이 있는 사진이나 그림을 가리키게 하는 방법을 보완해서 활용하는 것도 의사소통을 촉진하는 데 도움이 될 수 있다. 혹은 '주세요'의 의미를 가진다면 말로 소리 내어 표현하는 것에만 중점을 두기보다 손 내밀기, 가리키기 등 다른 의사소통 방법으로 전달하는 것도 동일한 의사소통 효과를 지닐 수 있게 해 주어야 한다. 물론 이때에도 말로 표현하는 연습은 동반되는 것이 좋다.

Part 2 | 자폐 범주성 장애 아동 · 청소년을 어떻게 도울 것인가 |

{ 반향어를 활용한다 }

자폐 범주성 장애 아동은 메아리처럼 다른 사람의 말을 따라하는 반향어 형태를 보이기도 한다. 이들의 반향어는 자폐의 병리적 특성으로 보기만 해서는 안 되며, 자폐 범주성 장애 아동이 언어를 발달하는 과정에서 나타나는 현상으로 보아야 한다. 따라서 자폐 범주성 장애 아동이 말을 따라하는 것을 활용하여 언어를 발달시킬 수 있도록 돕는 것이 좋다.

★ 예시

🎣 아동이 원하는 것을 가능한 한 높이 혹은 도움이 필요한 장소에 두고 기다린다. 아동이 가까이에 가서 엄마의 손을 잡아끌거나 발을 구르는 등의 요구하는 의도의 의사소통 행동을 보일 때 다음과 같은 언어 촉진을 한다. 🎣

엄마: 희철이, 도와줄까? 뭐 줄까?

희철: 뭐 줄까?(반향어)

엄마: (희철이가 쳐다보고 있는 것을 알아챈 후) 자동차 갖고 싶구나. "자동차 주세요." 해 봐.

(희철이가 따라 말할 때까지 기다린다.)

희철: 자동차 주세요.

엄마: 옳지, 그렇게 말하는 거야. 자~ 엄마가 줄게.

(희철에게 자동차를 건넨다.)

이때 앞서 언급했던 것처럼 습득이 되어서 어느 정도 할 수 있는 능력을 보이면, 너무 미리 앞서서 알려 주기보다는 아동이 '주'라는 말만 따라하게 하거나 입모양만 보여 주어서 점진적으로 아동 스스로 말할 수 있게 해 준다.

{ 몸짓을 가르친다 }

몸짓은 중요한 의사소통 방법 중 하나이다. 대체로 전형적인 발달을 하는 아동은 다양한 몸짓을 사용하여 의사소통한다. 가리키기, 고개 끄덕이기, 도리질, 이리오라는 손짓, 박수치기, 아니라는 손짓 등 다양한 몸짓을 의사소통에 사용한다. 여러 가지 몸짓을 사용하지 않아도 최소한 가리키기나 손 내밀기 같은 요구하기 위한 몸짓은 사용하기 마련이다.

가리키기 하나만 잘 사용해도 의사소통을 하는 대상자는 상대가 원하는 것을 알아채기 쉬워진다. 가리키기는 영유아 초기 발달의 중요한 몸짓으로 자폐 범주성 장애의 진단을 위한 발달 점검 요소이기도 하다.

　자폐 범주성 장애 아동이 몸짓을 사용하지 않는 특성은 누군가 와 의사소통을 하는 것을 더욱 어렵게 한다. 왜냐하면 몸짓은 의 사소통 의도를 보여 주는 중요한 행동이기 때문이다. 따라서 몸 짓을 사용하는 것을 자주 시범 보이고 가르쳐 줌으로써 의사소통 에 잘 활용하게 하는 것은 자폐 범주성 장애 아동의 타인과의 의 사소통을 돕는 데 유용하다. 특히 구어 사용이 원활하지 않은 자 폐 범주성 장애 영유아는 요구하기 위해 사용하는 언어표현이 미 숙하거나 표현 방법을 몰라서 의사소통에 성공하지 못하게 될 경 우 좌절하여 분노 조절이 어렵게 되는 경우도 있어서, 요구하기

몸짓을 가르쳐 주는 것은 기본적이면서 필수적인 교육 내용이 되어야 한다. 요구하는 몸짓을 가르쳐 주는 것은 '주세요'를 표현하기 위해 두 손을 모으거나 손을 내미는 것부터 시작될 수 있다. 의사소통의 방법으로 두 손을 사용하게 하는 것은 반드시 원하는 것이 있을 때 두 손을 모으는 행동을 하게 한 후 원하는 것을 주는 것으로 학습하게 할 수 있다.

'주세요' 몸짓 외에도 가리키기 몸짓, 원하지 않는 것에 대한 거절을 의미하는 손사래를 가르쳐 주는 것 역시 의사소통을 좀 더 원활하게 하는 방법을 가르쳐 주는 것이 된다. 여기서 중요한 것 두 가지는 다음과 같다. 첫째, 의사소통기술은 효력이 있어야 또 사용하고 싶어진다는 것이다. 즉, 아동이 거절의 몸짓을 사용하는 것도 싫다는 몸짓 표현 후에 부모가 "아, 싫어? 그럼 하지 마." 라는 반응이 이어질 때 아동은 그 몸짓을 사용하게 될 가능성이 높아지게 될 것이다. 둘째, 자폐 범주성 장애 아동을 돕는 우리가 다시 명심할 것은 아동이 보고 배울 수 있는 시범을 보이는 환경을 만들어 주어야 한다는 것이다. 즉, 부모, 교사 및 치료자가 여러 장면에서 가리키기를 사용할 수 있는 '선택의 기회'를 주고 시범을 보이고 따라하게 만들어 주는 것은 가리키기를 가르치는 데 도움이 될 것이다.

{ 시각적 지원을 만들어 사용한다 }

자폐를 가진 사람은 시각적인 학습자라는 말이 있을 정도로 시각적인 자극을 받아들이고 학습하는 능력이 뛰어난 편이다. 시각적 지원이란 눈으로 볼 수 있는 무언가를 보여 주는 것을 의미한다. 실물, 사진, 그림 등 눈으로 확인할 수 있는 것은 어떤 것이나 시각적인 지원이 될 수 있다. 이러한 시각적 지원은 효과적인 의사소통을 돕는 데에도 활용될 수 있다.

의사소통 발달을 위한 시각적인 지원의 활용에 있어서는 구어 표현 유무와 상관없이 다양한 의사소통 발달수준의 자폐 범주성 장애 아동에게 효과적일 수 있다. 특히, 구어 표현이 아직 어려운

아동에게는 의사소통을 위한 결정적인 도움이 될 수 있다. 실물 모형, 사진, 그림 중에서 아동이 어떤 방법을 사용하는 것이 쉬울지를 판단한 후 도구를 만들어서, 아동이 원하는 것이 있을 때 부모나 치료자, 교사에게 아동이 그것을 주거나 보여 주는 것으로 의사표현을 도울 수 있다. 아직 사진이나 그림이 지니는 물건의 의미를 잘 이해하지 못하는 아동에게는 실물 모형을 사용할 수 있는데, 예를 들어 흔히 인형놀이에 있는 화장실 모형을 엄마에게 주는 것으로 화장실을 가고 싶다는 표현을 할 수 있도록 하여 의사표현 연습을 하게 할 수 있다. 변기 사진이나 그림의 의미를 알고 있다면 실물 모형 대신 사진이나 그림을 들고 "화장실 가고 싶어?"라고 물어볼 수 있다.

{ 말을 이해하도록 도와준다 }

자폐 범주성 장애 아동의 언어발달 초기에는 의사소통을 자발적으로 시작하는 것은 잘 나타나지 않지만 다른 사람의 말을 들은 후의 반응은 비교적 쉽게 그리고 적절하게 나타나기도 한다. 부모, 교사 및 치료자는 아동이 자발적으로 시작하는 말이 적다는 것 때문에 의사소통 의도가 형성되지 않으면 잘 나타나지 않는 표현언어의 양적인 증가에 몰두하느라 이해하는 능력을 향상시키는 것을 놓치곤 한다.

그러나 언어발달은 말을 충분히 이해하는 부분들이 기초가 되어야 표현이 쉬워지는 면이 있다. 따라서 맥락에 맞는 말을 많이 들려주는 것은 중요하다. 일상에서 쓰이는 말들을 분명하고 간결하게 자주 들려주는 습관이 자발적인 표현언어를 힘들어하는 자폐 범주성 장애 아동에게 질문을 쏟아내어 기계적인 반응을 만들

어내는 것보다 언어발달에 도움이 될 수 있다.

언어발달 초기에는 일상에서 많이 사용하는 물건이나 동작을 말로 반복해 주는 것이 언어를 이해하는 데 도움이 된다. 예를 들어, "우유가 여기 있네." "신발 신을까? 신발을 신고 있구나."처럼 생활 속에서 익숙한 말들을 많이 들려주는 것이 언어이해를 돕는 방법이다. 일상 속에서 어느 정도 물건의 이름을 반복해서 듣고 경험함으로써 아동이 물건이나 동작의 이름을 이해하는 것으로 짐작될 즈음에는 그 물건을 집어 주거나 가져오는 심부름을 시켜 보는 것이 언어이해를 확인하는 연습이 될 수 있다.

{ 자발적인 말을 격려한다 }

자폐 범주성 장애 아동의 자발적인 언어표현은 부모가 기대하는 만큼 잘 나타나지 않아서 많은 걱정을 하게 되는데, 간단한 자발적인 언어표현이라도 존중하고 격려를 하면 아동으로 하여금 다음에 또 표현하고 싶은 동기를 만들어 준다. 따라서 이미 표현한 말의 발음이나 억양, 말더듬는 습관 등을 자꾸 고쳐 주려 하기보다는 자발적인 의사소통 시도 자체에 대해 격려하고 즉각적으로 반응해 주는 것이 바람직하다.

자발적인 의사소통 시도가 동일한 형태로 나타나면 말을 약간 변형시켜서 들려줌으로써 아동의 언어표현을 좀 더 다양하게 만들어 주는 시도를 할 수 있다.

현주: 우유 주세요.

엄마: 우유 줄까? 그럼 초코우유 줄까?

현주: 초코우유 줄까?(반향어)

이 예시처럼 아동은 엄마의 말을 따라하는 반향어를 사용하면서 배워 간다. 어쩌면 비슷한 맥락이 되었을 때 아동은 자발적으로 초코우유가 먹고 싶어서 먼저 "초코우유 줄까?"를 말할지도 모른다. 그때 엄마가 어미만 바꾸어서 들려주면서 "초코우유 주세요."를 연습하게 하면 된다.

현주: 초코우유 줄까?

　　(지연반향어 사용을 통해 엄마에게 요구)

엄마: 아하, 현주가 초코우유가 먹고 싶구나. 자, 엄마 따라해 볼까?

　　"초코우유 주세요."

현주: 초코우유 주세요.

　　(엄마가 초코우유를 준다.)

대체로 '주세요'와 같은 자발적인 말을 할 수 있는 기회는 일상에서 얼마든지 있다. 이것은 가르칠 수 있는 기회도 그만큼 많다는 것을 의미한다. 그러나 양육하면서 부모는 그 기회가 의사소통을 시작하는 것을 발달시킬 수 있는 중요한 기회라는 것을 잊기 때문에 놓치곤 한다. 따라서 다음을 기억해 두어야 한다. '원하는 것을 달라는 표현을 하기 전에는 절대로 알아서 미리 주지 않는다.'

[한발 더 나아가기]

자발적인 요구 표현이 가능해지기 시작하면 의사소통의 질적인 면을 높이기 위한 작업을 할 수 있다. 질 높은 사회적 의사소통은 말이나 몸짓을 사용해서 의사소통하면서 눈도 맞추는 것을 의미한다. 다시 말해서 상대방이 의사소통 의도를 쉽게 파악할 수 있도록 다양한 의사소통 방법을 통합적으로 사용하는 것은 중요하다. 따라서 "초코우유 주세요."를 말하는 것에서 더 나아가 말을 하면서 손동작을 함께 하기, 상대방을 보고 말을 하기, 상대방을 보고 말을 하면서 손동작도 함께 하기 등은 좀 더 풍성한 방법으로 의사소통을 하게 만들어 주는 것이므로 이러한 방법도 지도한다.

{ 의사소통하고 싶은 유혹을 심어 둔다 }

자폐 범주성 장애 아동이 자발적인 의사소통을 좀처럼 잘 안 하는 특성으로 인해 사실상 부모는 미리 알아서 해 주는 경향이 있다. 자발적인 의사소통은 아동이 말을 할 수밖에 없도록 그리고 소통을 시작할 수밖에 없도록 성인이 의도적으로 일상생활 곳곳에 숨겨놓은 상황에서 이루어질 수 있다.

[의사소통 유혹하기]

- 투명한 용기에 좋아하는 과자나 장난감을 넣고 잠가서 아동에게 건네 주세요.
- 아동이 좋아하는 음식을 주지 않고 아동 앞에서 먹어 보세요.
- 태엽 장난감을 감고 놀이하는 모습을 아동에게 보여 준 다음 아동에게 태엽 장난감을 건네 주세요.
- 냉장고 안의 물통을 꺼내서 물을 먹는 아동이라면 물을 넣어 놓지 말아 보세요.
- 아동 앞에서 하나씩 블록을 쌓다가 멈추고 아동에게 블록을 하나씩 건네 보세요. 아동이 받아서 쌓기 시작하면 주지 않고 멈춰 보세요.
- 풍선을 불어서 날린 다음 아동이 가져오면 기다려 보세요. 혹은 가져와서 아동에게 건네 보세요.
- 아동이 싫어하는 음식을 아동 앞으로 건네 보세요.
- 아동의 손을 잡고 푸딩이나 물과 같은 차갑거나 축축하거나 끈적한 물질에 닿게 시도해 보세요.
- 아동이 좋아하는 음악을 들려준 후 잠시 뒤 꺼 보세요.

이와 같은 예시들처럼 늘상 냉장고를 열면 있던 물통 안의 물이 비어 있을 수도 있고, 먹고 싶은 과자의 통을 꽉 잠가서 주는 바람에 아동이 혼자서 열어 보려 하는데 잘 안 될 수도 있다. 빤히 보이는 저 높은 선반 위의 투명 통 안에 맛있는 간식이 있는데 손이 닿지 않을 수도 있고, 때로는 능청스럽게 엄마나 아빠가 아이스크림을 혼자서만 꺼내서 먹고 있을 수도 있다.

이 모든 짓궂은 듯한 상황 장치는 아동이 의사소통을 하고 싶게 만드는 환경이 된다. 아동을 너무 약 올려서 힘들게 하지만 않는다면, 이러한 장치를 곳곳에 만들어 놓는 것은 아동의 의사소통 시작을 돕는 방법이 될 것이다.

{ 특정 관심사로 주제 이야기를 해 본다 }

자폐 범주성 장애 아동의 의사소통이 어려움에도 불구하고, 혹은 다른 사람과의 대화를 즐기는 것처럼 보이지 않는다고 하더라도, 아동이 관심있어 하는 특정 주제와 관련해서는 함께 대화하기를 좋아하는 경향을 보인다. 자신이 좋아하는 주제를 말하는 것은 때로는 일면식이 없는 타인에게까지 가능할 때도 있다. 예를 들어, "몇 층에 사세요?" "티라노사우루스는 육식공룡이지요?" 등 좋아하는 주제를 지나가는 처음 본 사람에게 말을 하기도 한다.

더구나 자폐 범주성 장애 아동들 중에는 다른 사람과의 대화를 유지하는 것은 어렵지만 알고 있는 어휘나 문장을 사용하는 능력이 동일 연령과 유사하거나 뛰어난 아동도 있다. 즉, 고기능 자폐 아동이 특별한 관심사가 있는 경우 상대가 누구이든 대화를 할 때에 자신이 좋아하는 주제에 대해서는 해박한 지식을 끊임없이 말하는 모습을 볼 수 있다. 이것은 사실 자폐 범주성 장애 아동을 지원하는 입장에서는 의사소통을 가르치는 좋은 시작점으로 만들 수 있다. 자발적인 대화가 어려운 아동에게는 좋아하는 화제를 시작으로 대화를 함께 이어가는 것이 흥미로운 의사소통 활동이 될 수 있기 때문이다. 여기서 아동의 의사소통 능력을 더욱 향상시키기 위해 중요한 것은 좋아하는 주제를 중심으로 이야기를 시작하되 약간씩 변형함으로써 주제 이야기를 지루하고 반복적인 대사 외우기와 같은 형태가 되지 않도록 만들어 주는 것이다. 예를 들어, 온도나 날씨 이야기가 특정 관심사인 아동과 여름 날씨 얘기를 하면서 계절에 맞는 옷 이야기로 유도하는 것도 하나의 방법이 될 것이다.

{ 차례를 주고받는 것은 대화의 기초를 만든다 }

대화를 하는 것은 대화 상대와 주고받는 것이 핵심이므로 자폐 범주성 장애 아동이 일방적으로 이야기하는 것은 타인과의 대화에서 중요한 결함이 될 수 있다. 자칫하면 자폐 범주성 장애 아동과의 대화가 대화 상대자는 질문만 하고 아동은 간단한 긍정과 부정의 대답만 하게 될 수도 있으며, 거꾸로 아동이 좋아하는 얘기를 나열하고 있는 것을 대화 상대자가 들어 주고만 있는 경우가 될 수도 있다.

따라서 자폐 범주성 장애 아동은 상대방의 이야기를 경청하고 적절한 타이밍에 반응하는 것을 배워야 한다. 경청을 하는 것은 대화의 내용을 듣고 있다는 것을 의미하며, 듣고 있을 때의 자세나 듣고 있다는 반응 역시 중요하다. 대화 상대자 역할을 가르칠 때는 말하는 내용을 듣고 있는지 확인하기도 하고, 잘 듣고 있는 자세나 반응에 대해 칭찬을 해 주어서 경청하는 기술을 가르치는 것이 필요하다. 또한 대화 상대자도 질문을 반복해서 하기보다는 자신의 일상적 이야기를 이해하기 쉽게 시작해 보거나 아동의 이야기에 덧붙여서 자신의 의견을 말하면서 대화를 이어 가는 것이 아동으로 하여금 경청의 기술을 배우게 하는 데 중요하다.

현수: 브라키오사우르스는 초식공룡이에요. 그리고 목이 아주 많이 길어요.

엄마: 그래. 브라키오사우루스는 초식공룡인데, 엄마는 알로사우루스가 좋더라.

현수: 스테고사우루스도 초식공룡이에요.

엄마: 엄마는 어떤 공룡이 좋다고 했지? 듣고 있니?

현수: 알로사우루스요.

엄마: 맞아. 기억해 줘서 고마워. 엄마가 왜 알로사우루스를 좋아하는 지 궁금하지 않아? 물어보면 엄마가 재미있는 공룡 이야기를 해 줄게.

이 예시처럼 대화가 자연스럽게 이어지지 않는다고 해도 아동의 일방적인 이야기 사이에 대화 상대자인 엄마의 이야기나 경험, 엄마의 의견을 넣고 아동이 듣고 있는지를 확인해 가는 것에 중점을 두면 아동의 대화능력 향상에 도움이 된다는 것을 기억해야 한다.

보완대체 의사소통 방법을 사용한다

보완대체 의사소통Augmentative Alternative Communicative System: AAC 방법은 의사소통 방법을 보완하거나 대체하기 위해 고안된 여러 가지 방법들을 의미한다. 그럼에도 불구하고 보완대체 의사소통 방법을 사용하는 것은 대체로 부모로 하여금 자녀가 구어_말를 영영 사용하지 못하는 것은 아닐까 하는 걱정을 갖게 한다. 그러나 최근까지 많은 연구들은 보완대체 의사소통 방법이 구어를 감소시키는 것이 아닌 구어발달을 돕는 것에 좋은 효과가 있음을 보고하고 있다.

보완대체 의사소통 방법은 의사소통에 어려움이 있는 대상자들에게 다양한 방법으로 의사소통을 대체하거나 보완해 줄 수 있게 하는 데 목적을 둔 방법들이므로, 그 방법은 몸짓을 사용하는 방법부터 누르면 소리가 나는 음성산출기voice output system까지 다양하다. 앞에서 의사소통 지원방법을 소개하면서 몸짓의 사용이나 간단한 물건의 모형예: 변기을 사용하는 것까지 소개하였는데, 이뿐 아니라 그림이나 사진, 음성산출기를 아동의 수준에 맞게 활용하는 방법도 자폐 범주성 장애 아동의 의사소통을 돕는 보완대체 의사소통 방법이다. 특히 소리 내어 말하기 어려운 아동의 경우 보완대체 의사소통 기기는 시각적인 자극이 제공되어 아동으로 하여금 언어를 습득하고 싶은 동기가 잘 형성되기도 한다. 그러나 무엇보다 보완대체 의사소통 방법의 사용은 발달수준에 적합한 방법을 선정하는 것이 필요하며, 의사소통 파트너와의 소통에 효과

[다양한 보완대체 의사소통 도구들]

출처: 아이소리몰(www.isorimall.com)

가 있을 것인가, 여러 가지 장소 및 상황에 맞게 기능적으로 사용할 수 있을 것인가 등에 주목하여 결정하고 사용하는 것이 중요하다.

{ 관용구를 알아본다 }

언어표현이 활발한 자폐 범주성 장애 아동이라도 대화에 있어서 어려운 점은 의사소통할 때 말에 숨겨진 의미를 찾는 것이다. 즉, 자폐 범주성 장애 아동은 비유나 은유로 이야기하는 것을 이해하기 힘들어서 문자 그대로 해석하고 답을 하는 경우를 자주 발견하게 된다. 예를 들어, 할머니가 "눈에 넣어도 안 아픈 손주."라고 말했을 때 "나를 왜 눈에 넣어요?"라고 화를 낼 수도 있고, "문 닫고 들어와."라는 말에 문을 닫고 어떻게 들어올 수 있냐며 교사에게 되물을 수 있다.

따라서 간단한 직유 방법부터 가르치는 것이 필요하며, 최근에는 관용구를 모아 놓은 책이나 사전이 여러 출판사에서 출시되어 있어서 언어 지도할 때 활용할 수 있다.

[한발 더 나아가기]

고기능 자폐 청소년 및 성인에 적용하기

고기능 자폐 청소년기 및 성인기의 대화기술을 가르칠 때는 다른 사람의 대화에 끼어들기나 빠져나오기, 연령에 맞는 말이나 몸짓, 행동으로 적절하게 반응하기, 대화에서 숨겨진 의도 찾기 등 연령 수준에 적합한 대화 수준을 가르치는 것에 중점을 두어야 한다. 이때 다음과 같은 다양한 전략을 활용하여 적절한 대화기술을 익히게 할 수 있다.

- 역할극: 역할을 각자 맡고 적절한 대화 주제를 선정한 후 진행을 해 본다. 역할을 바꾸어서 진행해 보기도 하고, 3명 이상 있을 때에는 '대화의 좋은 예'와 '대화의 좋지 않은 예'를 보고 좋은 예와 좋지 않은 예를 구별하고, 이유를 함께 말해 보게 한다.
- 상황이야기: '상황이야기' 전략 설명(p. 57)을 참고하되, 청소년 및 성인기에 맞는 사회적 맥락과 필요한 기술을 잘 넣어서 구성한다.
- 비디오 모델링: '비디오 모델링' 전략 설명(p. 55)을 참고하여 어떤 모델링 방법(성인, 또래, 자기 모델)을 사용할 것인가를 판단한 후 결정하고 실행한다.
- 인지적 스크립트: 사회적 상황이 만들어지는 맥락에서의 대화 스크립트를 만들어서 맥락에 맞게 사용할 수 있도록 반복 연습하여 기억할 수 있도록 도와주는 방법이다. 일종의 '일상에서 만나는 상황에서 흔히 하게 되는 대화의 대본'을 만들고 연습하는 작업이라 할 수 있다.

사회성의 어려움을
이해하고 도와주는 방법

자폐 범주성 장애 아동이 지닌 사회성 기술의 부족함은 타인과의 사회적 상호작용의 부족을 의미하므로, 사회적 관계 형성에 부정적인 영향을 준다. 따라서 진단에서부터 사회적 의사소통과 함께 사회적 상호작용의 어려움에 대해서 중요하게 다루고 있다.

자폐 범주성 장애 아동이 사회적 기술의 결함을 보이는 것의 특징은 사회적 관계를 형성하는 데 필요한 눈 맞춤이나 표정 교환, 감정을 공유하려는 시도, 사회적 상호작용을 적절하게 시작하거나 반응하기 어려움, 사회적 단서를 읽지 못함, 사회적 규칙을 잘 따르지 못함, 그리고 상황에 적합한 사회적 행동을 잘 모르는 것 등이 포함된다. 이러한 능력들은 상호 관계에 있어서 눈을 맞추고 표정을 보지 않는 것으로 인해 사회적 단서를 읽지 못하고, 사회적 단서를 읽지 못해서 사회적 규칙을 따를 수 없고, 사회적 규칙을 따르지 못해서 또래와의 집단생활에서 배제되고, 따라서 사회적 행동을 배울 기회가 없어져서 사회적 상호작용이 어려워지는 등 상호 부정적인 영향을 주게 된다.

사회적 기술을 가르치는 것은 이와 같은 다양한 기술들을 난이도 순으로 구분하여 순차적으로 가르친다기보다는 연령에 적합한 사회적 기술들을 일과 안에서 총체적으로 가르치는 것이 바람직하다.

우선 자폐 범주성 장애 아동의 사회적 기술을 도와주기 위해서는 영유아기 진단의 초기부터 부모를 중심으로 이루어지는 부모와의 상호작용 중심의 활동을 실행하는 것이 필요하다. 부모와의 관계 형성을 위한 활동을 실행하기 전에 알아 두어야 할 세 가지가 있는데, 이는 다음과 같다.

첫째, 사회성은 부모를 의식하는 것에서 시작된다

일반적으로 부모를 의식하고 낯가림을 시작하는 것은 생후 6개월부터이다. 그러나 자폐 범주성 장애 아동은 때로는 적절한 애착 발달의 시기에 낯가림조차 안 하거나 친숙한 부모에게도 놀이나 상호작용을 시작하지 않는 모습을 보이기도 한다. 따라서 친숙하고 중요한 사람과의 상호작용에서조차 어려움을 가지는 자폐 범주성 장애 영유아에게 부모가 좋아하는 사람이 되고 상호작용을 지속하는 존재가 되기 위해서는 아동이 먼저 사회적인 놀이나 상호작용을 시작하기를 기다리기만 해서는 안 된다.

부모가 먼저 아동이 좋아할 만한 환경을 만들고, 놀이 활동들을 준비하고, 아동 앞에서 놀이를 보여 주는 것을 반복하면서 자폐 범주성 장애 아동들이 부모를 상호작용하고 싶은 존재로 인식하도록 만들어 주는 것이 필요하다.

부모가 구체적으로 노력할 수 있는 부분은 다음과 같다.

- 부모가 다가가서 말을 시키면 아동이 피하는 것으로 인해 좌절하지 말자. 아동이 피하는 이유를 생각해 보고 아동에게 주는 자극이 좀 과했는지 등을 생각하고, 아동이 점진적으로 수용할 수 있도록 서서히 접근한다. 예를 들어, 자폐 범주성 장애 아동은 기계음으로 들리는 노래를 엄마나 아빠가 불러 주면 부모의 입을 막거나 싫어하면서 자리를 피하는 경우도 있으며, 자신이 생각하는 패턴대로 놀이하려 했는데 엄마나 아빠가 와서 만지면 그 패턴이 깨질까 봐 부모를 밀어낼 수도 있다. 이러한 특성들은 모두 자폐적 특성 중 하나이므로 부모는 이를 이해해야 하고, 아동이 좋아할 수 있는 활동을 찾아내서 그 활동 안에서 부모와 함께 즐거움을 나누는 경험을 쌓아 가는 것이 좋다.

★ 예시

🎵 미정이는 4세 자폐 범주성 장애 여아이다. 혼자서 놀이할 때는 작

은 물건들을 그릇에 담았다가 다른 그릇에 옮겨 담는 놀이를 반복하곤
한다.

엄마가 신체놀이를 하려고 '거미가 줄을 타고~~' 노래를 시작하면 미
정이는 웃으면서 엄마를 향해 돌아앉곤 한다.

아빠가 회사에서 돌아오는 소리가 들리면 미정이는 얼른 방으로 뛰어
들어가서 이불을 끌고 나온다. 미정이의 이런 행동은 아빠가 이불 위에
미정이를 올리고 엄마와 함께 이불을 잡고 띄워 올려 주기 놀이를 한 다
음부터이다. 미정이는 아빠와 이 놀이를 하면서 처음 눈을 맞추며 웃고
즐거워하였다.

둘째, 사회성은 주변 사람들이 모두 파트너가 됨으로써 발달한다

자폐 범주성 장애 아동의 사회성은 사회적 상황에서 연습하는
것이 가장 효과적이다. 사회적 상황이란 사실 사회적 파트너가
있는 곳을 의미한다. 사회적 상호작용을 하고 사회적 의사소통
을 할 수 있는 파트너들이 있는 환경이나 상황들이 아동의 사회
성 기술을 연습하는 장소와 맥락이 된다고 할 수 있다. 따라서 부
모, 형제, 유치원이나 어린이집 친구들, 교사, 이웃, 지역사회에서
만나는 모든 사람들이 자폐 범주성 장애 아동의 사회성 교사이자

파트너가 될 수 있다.

이것은 자연스러운 상황에서 사회적 단서를 놓치지 않도록 반복적으로 교육하고 도와주는 일을 파트너들이 함께하면 아동의 더 빠르고 긍정적인 발달을 기대할 수 있다는 의미이기도 하다. 때로 자폐 범주성 장애 아동의 행동을 주변 사람들에게 이해받지 못할 것이라는 이유로 외출하는 것을 불편해하여 가정이라는 제한된 환경에만 있게 되는 경우가 있는데, 이러한 환경제한은 아동의 사회성 발달에는 도움이 되지 않는다.

따라서 아동을 위한 사회적 환경을 만들어 주도록 노력해야 한다. 부모가 구체적으로 노력할 수 있는 부분은 다음과 같다.

- 아동과 함께하는 어느 장소에서든 아동에게 침입적이고 통제적이기보다는 반응적인 부모가 되어야 한다. 이것은 사회적 상황에 맞는 행동을 하도록 지도함과 동시에 아동의 의도를 잘 읽어 주고 반응하는 부모가 되는 것을 의미한다.
- 가능한 한 아동의 주변에 친구, 동생, 누나나 언니, 형이나 오빠, 이웃, 친척 등 다양한 사회적 파트너들이 존재하게 한다.
- 영유아의 경우애는 놀이 환경이 가장 좋은 사회적 환경이 된다. 따라서 아동이 가정 밖, 즉 외부에서 집중하고 선호하는 놀이 활동들을 눈여겨보아 둔 후 가정에서의 부모와의 놀이

에 잘 활용하도록 한다.

- 사회성 역시 의사소통처럼 시작보다 반응이 아동이 학습하기에는 더 쉽다. 주변 파트너_{또래, 가족, 이웃}들이 먼저 함께 놀고 싶어하는 표현으로 사회적 시작을 하여 아동의 사회적인 반응을 이끌어 내는 것이 좋으며, 주변 파트너들을 이해시켜서 아동의 적절한 반응이 나오지 않아도 좌절하지 않고 점진적인 접근과 시작을 지속할 수 있게 격려한다.

{ 셋째, 집단 안에서 사회적 규칙을 배운다 }

전형적인 발달을 하는 아동들은 유아교육 현장에서 또래집단과 함께 있기 때문에 관찰학습을 통해 더 쉽게 사회적 규칙을 배우게 된다. 자폐 범주성 장애 아동들의 경우에는 자연스럽게 관찰하면서 배울 수 있는 행동도 놓치고 배우지 못할 때도 있지만, 그래도 집단 안에서 또래들이 하는 행동을 보고 모방하게 하는 것이 성인이 직접 지시하고 시범을 보이는 것보다 훨씬 쉽게 접근할 수 있는 방법이 되기도 한다.

자발적으로 모방하는 것이 어려울 때는 친구들이 행동하는 것을 주목하게 하고, 모방했을 때 성인이나 친구들이 칭찬하는 것으로 모방을 촉진할 수 있다. 모방은 사회적 규칙을 배우는 시작이 될 수 있다.

집단을 만드는 것은 짝친구를 구성해서 놀이를 함께하는 것으로 시
작한다.

함께 있는 것만으로도 또래에 대한 관심이 생겨야 하지만, 여
전히 관심이 없어서 안타까운 경우가 생긴다 하더라도 자폐 범주
성 장애 아동에게 또래들과 함께 있는 물리적 환경을 지속적으로
만들어 주는 것은 중요하다. 집단을 통해 사회성을 배우는 시작
은 적은 인원으로 함께하는 놀이를 성인이 가르치면서 사회성을
배우게 하는 것부터이며, 집단의 크기는 점차 늘릴 수 있다. 물론

3~4명의 또래들 사이에 있게 하는 것만으로는 효과적인 사회성 향상의 결과를 만들어내지 못한다. 반드시 성인의 적절한 사회적 기술을 발휘할 기회를 만들어 주는 활동 지원과 지속적인 모니터링이 필요하다.

계획이란 적절한 놀이가 될 만한 것들을 준비하고 실행하는 것만이 아니라, 아동들이 참여할 수 있게 규칙과 절차를 바꿔 주는 것을 말한다. 집단 안에서의 놀이를 통해서 사회적 기술을 향상시켜 주기 위한 계획을 세울 때는 자폐 범주성 장애 아동의 발달수준을 감안하여 놀이방법이나 규칙, 절차를 적절하게 바꿀 필요가 있다는 것을 예측하고 준비해야 한다. 또한 집단 내에서 소외되거나 배제되지 않게끔 적절한 장치도 필요할 수 있다. 예를 들어, 차례 지키기가 어려운 자폐 범주성 장애 아동을 위해 주사위놀이를 함께 앉아서 할 때, 자신의 차례를 알 수 있게 팻말을 앞에 세워 주고 다음 차례가 된 친구에게 전달하기로 정하거나, 처음 배우는 얼음땡 놀이를 쉽게 학습하게 하기 위해 냉장고 그림을 만들어 바닥에 붙여 놓고 그 위에 서기로 규칙을 정하는 등 개별 아동을 위한 지원 준비를 해 두면 좋다. 즉, 아동들이 참여하기에 어려운 것들은 놀이방법이나 놀이환경을 수정해서 좀 더 참여가 쉽도록 만들어 준다면, 자폐 범주성 장애 아동이 친구들과 함께하는 놀이를 통해 사회적 기술들을 쉽게 배울 수 있을 뿐만 아니라 다른 상황으로 일반화하는 것도 쉬워진다.

어떤 집단놀이에도 참여하지 않는 아동이라도 친구들이 몰려서 뛰어가는 것을 보면 함께 뛰어가고 싶은 마음이 싹틀 수 있다.

"저기 나무까지 뛰어가 보자."라고 하면서 함께 뛰어가는 놀이는 누가 먼저 도착할지에 대한 경쟁의식 없이도 여럿이 우르르 뛰어갈 때 즐거워지는 놀이의 힘이 생기게 마련이다. 부모가 잡았을 때 간지럽히던 놀이를 자주 경험했던 아동은 함께 뛰어가는 놀이가 엄마가 간지럽히기 위해 자신을 따라오던 놀이를 닮아서 즐거움이 연상될 수도 있다. 따라서 함께하는 성인이 이 놀이를 제안하면서 같이 뛰기 시작한 후, 뛰어가는 또래집단의 움직임을 보면서 자폐 범주성 장애 아동으로 하여금 또래들 속에서 함께 움직이고 싶은 동기가 생기는 것이 어렵지 않게 되기도 한다. 처음 참여가 어려울 때는 손잡고 뛰어가거나 안고 뛰는 것으로 하다가 서서히 자발적으로 뛰어가게 해 줄 수 있다.

★ 또래 만들어 주기 사례

현철이 아빠는 친구들과의 모임에서 자신의 친구들에게 현철이가 또래들 안에서 놀이를 배울 수 있는 기회를 만들어 주기 위한 계획을 제안했다. 현철이와 비슷한 또래들을 자녀로 둔 친구들이니 정기적으로 모임을 가지고, 모임 안에서 현철이가 또래들과 어울릴 수 있는 기회를 가질 수 있게 해 달라는 것이었다. 우선 아이들이 좋아하는 놀이공원 연간회원권을 끊어서 매월 마지막 주에는 함께하는 것으로 정하고, 모임을 갖기 시작하였다. 이렇게 모임을 가지다 보니 현철이는 누나, 형, 동생 등 자연스럽게 또래들을 만나게 되면서 친구들을 만나고 함께 놀이하는 것이 낯설지 않아졌다.

현철이는 놀이동산의 바닥분수를 제일 좋아해서 물을 보고 뛰어다니며 흠뻑 젖었는데, 이 놀이에서 아이들과 함께 뛰고 젖은 채로 나와서 함께 밥을 먹기도 하면서 또래들의 말을 반향하고 흉내 내는 일들이 점

차 많아졌고, 누나들이 와서 손을 잡고 걸어도 싫어하며 손을 빼지 않는 모습을 보이기도 하였다.

[한발 더 나아가기]

자폐 범주성 장애 아동은 사회적 기술 부족으로 인해 자신의 능력으로 친구를 사귀고, 친구관계를 유지하기란 정말 어려울 수 있다. 유치원, 초등학교, 중고등학교를 지내면서 단짝 친구가 만들어지거나 친구 집단이 만들어지기를 기대해도 좀처럼 안 될 때도 있다. 이러한 이유로 임상에서는 청소년기에 '난 친구가 없어.' 혹은 '내 인생에 친구 따위는 필요 없어.'라는 실패감이나 반감을 가지는 자폐 청소년을 만나게 되기도 한다.
따라서 자폐 아동에게는 성인이 약간의 다리를 놓아 주는 친구 집단이나 친구의 존재가 필요하다. 부모나 교사가 치료센터나 특수학급에서 만난 친구들을 사적인 모임으로 자주 만날 수 있는 기회를 만들어 주는 것도 좋은 방법이다. 때로는 치료센터에서 만난 부모들끼리 친해져서 가족 모임을 만들고 자주 만난 덕분에 자폐 범주성 장애 아동들끼리 친구의 존재를 서로 확인하게 되기도 하는데, 이러한 경험을 통해서 자폐 범주성 장애 아동은 사회적 관계를 배울 수도 있고, 친구관계에 대한 자신감을 올려주는 기회를 갖게 되기도 한다.

사회적 능력을 향상시키기 전 알아 두어야 할 것들을 숙지했다면, 이제 좀 더 구체적인 방법들을 고안해 보아야 한다.

{ 즐거워할 만한 신체놀이부터 시작한다 }

구체적인 방법들을 살펴보면서 신체놀이에 주목하는 이유를 설명하면, 초기에 진단되어 조기개입이 중요한 자폐 범주성 영유아에게 가장 자연스럽게 다가갈 수 있는 활동이 놀이이며, 특히 신체놀이이기 때문이다. 자폐 범주성 장애 아동의 부모들이 가장 많이 하는 말은 "부모에게 관심이 없다. 우리 아이는 혼자 노는 게 더 좋은 거 같다."라는 것이다. 물론 자폐 범주성 장애 아동은 엄마나 아빠에게 먼저 놀이를 시작하는 것이 어렵고, 놀이를 시작하더라도 자신이 좋아하는 관심 영역의 놀이를 자기 방식대로 고집하는 경향으로 인해 부모는 자녀와 함께 놀이하는 것에서 어려움을 가지곤 한다. 그러나 부모는 자폐 범주성 장애 아동과 함께할 수 있는 즐거운 놀이를 쉽게 찾을 수 있는 가장 중요한 사람이다. 따라서 아동이 어떤 감각을 좋아하고, 어떤 놀이를 좋아하는지를 일상을 관찰하면서 파악하고, 잘 접근할 필요가 있다. 아동들은 대개 신체놀이에서 즐거움을 느끼기 쉽지만, 자폐 범주성 장애 아동의 감각적 민감성이 다양하기 때문에 어떤 신체놀이를 즐거워할 것인가를 찾는 것은 개별적 특성을 반드시 고려해야 한다.

먼저 놀이의 즐거움을 알게 하자.

자폐 범주성 장애 아동이 함께하는 놀이의 즐거움을 스스로 느끼고 그 즐거움을 타인과 공유하는 것은 중요하다. 장난감을 가지고 누군가와 함께 놀이하는 상호 놀이가 익숙하지 않은 아동에게는 상호 놀이의 즐거움을 알게 하기 위해서 신체놀이부터 시작하는 경우가 많다. 어떤 신체놀이를 할 것인가를 결정할 때는 자폐 범주성 장애 아동이 좋아할 만한 신체적 즐거움을 주는 놀이를 찾아본다. 다음은 그러한 신체적 놀이의 예시이다. 아동의 촉감에 대한 선호도에 따라 종류를 선택하고, 그 강도를 잘 맞추어서 활동을 하면 효과적이다.

- 엄마나 아빠가 자녀를 뒤에서 안거나 들어서 돌려 주는 놀이
- 천을 활용하여 천 위에 자녀를 눕게 한 후 천을 올렸다 내렸다 하는 놀이, 부모가 천을 양끝에서 잡고 양 옆으로 흔들어 주는 놀이, 천 위에 아동을 말고 돌려서 천으로 감쌌다가 푸는 놀이
- 트램펄린 위에서 손잡고 함께 뛰는 놀이
- '○○이 잡아라' 하면서 점점 가까이 다가가 잡히면 간지럼 태우는 놀이
- 엄마나 아빠가 아이와 등을 맞댄 후 들어 올려 주는 놀이
- 엄마나 아빠가 누워서 다리나 발에 아이를 올리고 태워 주는 놀이

예측할 수 있을 때 더 즐거워진다.

예측할 수 있게 하려면 쉬운 놀이를 반복하는 게 좋다. 가능하면 사용하는 천도 같은 것으로 정해서 엄마가 그 천을 꺼내올 때는 어떤 놀이를 하려는지 아동이 알 수 있고 기대할 수 있게 한다. 또는 특정 노래를 활용해서 노래가 끝날 때쯤 간지럽혀서 아동이 언제 자신을 즐겁게 해 줄 것인지를 예측하면서 기대하게 만들면 즐거움이 증가된다.

기대를 할 수 있게 하여 즐거움을 유발하도록 놀이를 시작할 때

"하나, 둘, 셋" 혹은 "준비, 출발" 등의 구호를 활용할 수 있다. 즉, 하나, 둘 다음에 셋을 말하면 놀잇감이 조작된다는 것을 알고 즐거움을 기대하게 만들 수 있다. 이러한 구호 활용은 자동차 굴리기, 비눗방울, 풍선, 공 굴리기, 촛불 불기 등의 놀이에서 활용할 수 있다.

{ 사회적 놀이는 엄마, 아빠를 모방하면서 시작한다 }

모방능력은 모든 놀이에서 사회적 놀이 능력을 길러 줄 수 있는 기초적인 기술이다. 자폐 범주성 장애 아동이 다른 사람들을 관찰하고 모방하려는 의지가 부족하더라도 친숙한 타인의 행동의 경우에는 모방하는 것이 나타나기도 하고, 자발적으로 따라하고 싶은 의지를 보이기도 한다. 따라서 친숙한 성인이 시범을 보이는 것은 아동의 사회성 발달을 위한 학습에서 중요한 시작이 된다.

자폐 범주성 장애 아동이 모방할 수 있는 분위기를 만든다는 것은 어떤 놀이를 하든 친숙한 성인이 놀이를 즐겁게 시작하고, 놀이하는 것을 앞에서 보여 준다는 것을 의미한다. 다음은 모방을 계획하고 있는 경우 알아 두어야 할 것들이다.

- 모방은 성인이 먼저 아동의 행동이나 동작을 모방하는 것에

서 시작할 수 있다. 모방을 하기 어려운 아동에게 모방을 촉진하기 위해 일방적으로 모방을 지시하여 가르칠 수 있는 것은 아니다. 즉, 성인이 간단한 놀이를 옆에서 모방하고, 모방하고 있다는 것을 아동이 관찰하거나 인지할 수 있게만 해 주면 모방의 의미를 경험하게 하는 것이라 할 수 있다.

• 아동이 모방을 확실하게 성공했다면 분명한 강화칭찬 등를 통해 모방 행동이 지속될 수 있도록 지원한다.

• 모방은 세심하게 관찰할 필요 없는 대근육 움직임부터 시작하도록 유도한다. 움직임이 큰 것이 모방하기 쉬우므로 팔을 벌리거나 만세하기, 통통 뛰기, 박수치기와 같은 큰 움직임을 모방하게 하는 것부터 함께 시작해 보는 것이 좋다. 특히 친숙한 가족 구성원의 움직임을 모방하도록 유도하는 것은 자연스러운 일상 안에서 자주 반복할 기회가 생기므로 모방 능력 향상에 도움이 된다예: 할아버지처럼 뒷짐 지고 걷기, 아빠와 하이파이브하기.

• 일상에서 만나는 물건이나 놀잇감을 활용한 모방도 좋다. 자동차 굴리기, 공 굴리기, 종이비행기 날리기, 다 쓴 휴지 쓰레기통에 던져 넣기 등 누군가를 흉내낼 수 있게 행동을 앞에서 보여 주면서 그 행동을 모방하도록 유도해 본다.

• 사물을 활용하여 모방하는 것에 익숙해지면 이러한 모방 행동을 가상놀이와 접목시켜서 실제 사물이 없는데 있는 척하

는 놀이도 해 볼 수 있다.

{ 도와달라고 청하기도 하는 부모가 된다 }

사회성의 내용에는 타인과의 관계 맺기에 필요한 친절한 행동하기, 배려하기, 도와주기, 협력하기와 같은 타인의 입장을 알고 도움을 주려 노력하는 행동이 포함된다. 이러한 사회성 기술들은 타인과의 관계에 영향을 미치는 것이므로 우선 익숙한 타인과 기본적인 기술부터 배우게 만들어 주는 것이 중요하다. 즉, 어릴 때부터 누군가를 도와주는 것을 배울 수 있는 기회를 만들어 주는 것에서부터 시작할 수 있다. 자폐 범주성 장애 유아뿐 아니라 발달이 늦은 유아들은 대체로 가정에서 모든 가족 구성원, 심지어 동생들에게까지도 도움을 받는 존재가 되어 있어서 말을 하지 않아도 가족들이 도와주려 하는 것을 볼 수 있다. 이러한 상황이 반복되는 것은 자폐 범주성 장애 유아로 하여금 의존적이고 수동적인 자세를 학습하게 만들 뿐 아니라 자존감 형성에도 도움이 되지 않으며, 다른 사람을 돕는 친사회적 행동을 학습하기 어렵게 만든다. 따라서 어리더라도 가정에서부터 가족 구성원을 돕는 행동을 배울 기회를 주어야 한다. "이것 좀 버려 줘." "엄마도 좀 줘." "아빠도 앉게 옆으로 좀 가 줘." "이것 좀 해 줘." 등 가정 안에서 가족 구성원에게 필요한 것을 달라고 하는 것, 필요한 행동을 하도록 요구하는 것을 어려워하지 말아야 한다.

{ 부모도 감정을 정확하게 표현해 주어야 한다 }

사회성 교수의 영역에서는 자폐 범주성 장애 아동이 다른 사람의 감정을 알아채는 것을 배우게 하는 것 또한 중요하다. 공감능력의 부족함을 안타까워할수록 감정에 대한 인식 교육이 실행되어야 한다. 감정을 인식하는 것은 타인의 감정을 알기 위해 말과 표정을 보고 어떤 감정인지를 눈치채는 것부터 시작한다. 따라서 일상생활을 하면서 부모가 지닌 감정을 명확하게 관찰하게 하고 부모 스스로 어떤 감정인지를 아동에게 표현해서 표정이 지니는 의미를 알게 하는 것이 필요하다. 더욱이 일상에서는 다양한 상황에 따른 감정을 배울 기회가 많으므로 상황에 어울리는 적절한 감정을 알게 하고 학습하게 하는 것이 중요하다. 예를 들어, "엄마는 이게 쏟아져서 속상해." "네가 이렇게 신발을 정리해 줘서 엄마는 정말 기뻐."와 같이 상황에 맞는 말을 해 주면서 감정의 발생 이유와 감정 인식을 연결지어 배울 수 있는 기회를 제공할 수 있다.

민호가 신발을 잘 정리해 주니, 엄마는 정말 기뻐!

{ 사회적 규칙도 시각적 지원으로 쉽게 배울 수 있다 }

　사회적 규칙 역시 자폐 범주성 장애 아동은 시각적 지원을 통해 쉽게 배울 수 있다. 일반적으로 유아교육 현장이나 학급에서 지켜야 할 놀이 규칙을 학기 초 학급 구성원과 함께 정하고 게시해 놓는 것처럼, 아동의 발달수준에 맞게 아동이 이해할 수 있는 형태로 규칙을 게시해 놓는 것은 사회적 규칙을 알고 지킬 수 있게 해 주어서 문제 행동의 발생을 미리 예방하는 효과를 가져오기도 한다. 예를 들어, 복도에 '줄서서 걷고 있는 아동들의 사진'을 붙여 놓거나, 한 줄 통행을 위해 가는 방향을 표시한 화살표나 발자

국 표시 등을 바닥에 붙여 놓을 수 있다. 가정에서는 장난감을 잘 정리해 놓은 사진을 장난감 진열장이나 상자에 붙여 두거나, 식사할 때 제자리에서 함께 식사하는 사진을 식탁 위에 붙여 놓는 것으로 사회적 규칙을 지키는 적절한 행동을 안내하는 게시 효과를 줄 수 있다. 이러한 모든 것들이 자폐 범주성 장애 유아에게는 사회적 약속을 상기시켜 주는 중요한 단서가 된다.

시각적으로 보여 주는 간단한 사회적 약속이라 하더라도 아동이 보고 있는지, 이해하고 있는지를 확인하지 않으면 효과를 가늠하기 어려우므로 시각적 지원의 활용이 아동에게 맞는지 잘 모니터링하면서 실행하는 것이 중요하다. 더 나아가 다양한 사회적 규칙을 배울 수 있는 시각적인 자료집을 만들거나 기존에 나와 있는 자료를 수정·보완해서 사용하는 것도 가능하다. 즉, 자폐 범주성 장애 아동의 바람직한 행동 혹은 바람직하지 않은 행동을 아동의 특성에 맞게 사진이나 그림 자료를 만들거나, 기존의 자료집을 활용해서 가르칠 수 있다.

⊙ 참고 도서

이정미 역(2008). 자폐아동을 위한 사회성 이야기 그림책. 서울: 시그마프레스.

{ 놀잇감을 활용한다 }

자폐 범주성 장애 아동의 놀이는 제한된 놀잇감으로 놀이를 하는 경향, 놀잇감을 그 기능대로 사용하지 않는 특성, 놀이 상대와 함께 놀이하지 않는 것이 주요 특징이다. 따라서 접시나 컵을 돌리거나 기다란 끈을 흔들면서 놀이하는 등 놀잇감이 아닌 물건을 가지고 독특한 방식으로 놀기도 하고, 놀잇감을 가지고 놀아도 일렬로 나열하거나 자동차를 뒤집어 놓고 바퀴를 돌리는 등 또래들과 다른 방식으로 놀잇감을 사용하기도 한다. 또는 공룡, 포크레인 등 특정 놀잇감만을 반복적으로 가지고 놀거나 사 달라고 하기도 한다.

놀잇감을 제 기능대로 놀이에 사용하지 않는 것, 좋아하는 놀잇감이 제한되어 있는 것으로 인해 부모는 어떤 놀잇감이 바람직한 놀잇감인지 판단하기 어려워하기도 한다. 그러나 사실 놀잇감은 말 그대로 놀이에 사용되는 물건이기 때문에 놀잇감을 결정할 때 학습이나 언어적 학습을 너무 고려하기보다는 놀이를 촉진할 수 있는 것이면 된다. 놀잇감의 기능적인 사용이 원활해지면 놀잇감을 사용한 놀이로 상호작용을 돕고, 언어 및 인지 발달을 도울 수 있게 된다. 따라서 놀잇감을 선정할 때에는 발달수준, 아동의 흥미 등 다음과 같은 사항들을 고려한다.

✿ 놀잇감 선정 기준

• 발달수준을 고려한다. 예를 들어, 아직 장난감에 대해 흥미를 느끼지 못하는 유아일수록 인과관계가 명확한 놀이에 흥미를 보인다. 즉, '인과관계가 명확한 놀잇감'이란 원인과 결과가 짧게 반복되어서 놀잇감의 어떤 부분에 자극을 주었을 때 결과를 기대하게 되고, 그 기대가 즉각적으로 충족되어서 즐거워지는 놀잇감을 말한다. 예를 들어, 누르거나 돌리는 등의 조작으로 인형이 튀어 오르는 장난감, 누르면 소리가 나는 그림책, 입으로 불면 앞으로 튀어나오는 종이나팔, 태엽 인형, 버튼에 따라 다른 노래가 나오는 장난감 등이 있다. 놀잇감 사용 수준이 낮은 아동에게는 인과관계가 명확한 놀잇감으로 흥미를 유발시켜 주면서 복잡한 놀잇감으로 전이시켜 주는 것이 바람직하다.

• 아동의 선호도를 고려한다. 자폐 범주성 장애 아동이 좋아하는 놀잇감들은 비눗방울, 롤러코스터, 모형 자동차, 타요 버스와 같은 캐릭터 모형들, 공룡 모형, 동물 모형, 블록 등 다양하지만, 전형적인 발달을 하는 아동들에 비해서는 가지고 노는 놀잇감이 제한적인 편이다. 중요한 것은 아동이 주로 선호하는 놀잇감들을 배제하기보다는 그 놀잇감들을 집착한다는 이유로 무조건 다양한 방법으로 가지고 놀 수 있도록

도와주는 것이 놀이나 사회성 발달에 효과적이다.

• 놀잇감의 기능을 고려한다. 놀잇감에는 각각 기능이 있어서 사회적 놀이에 적합한 놀잇감이 있는가 하면 혼자놀이에 몰두하기 쉬운 놀잇감이 있다. 파튼Parton의 사회적 놀이 수준을 고려할 때 반드시 사회적 놀이의 상위 수준인 협동놀이나 연합놀이만 하는 것이 바람직한 것이라 단언할 수는 없지만, 궁극적으로는 때로는 혼자 놀이를, 때로는 협동놀이나 연합놀이를 하는 다양한 놀이 형태를 할 수 있는 것이 자연스러운 발달적 형태일 것이다. 따라서 고립놀이나 혼자놀이에만 몰두하여 협동놀이나 연합놀이에 전혀 참여하지 못하는 것은 자폐 범주성 장애 유아의 사회적 상호작용을 촉진하는 데 도움이 되지 않는다. 따라서 가능한 한 사회적 놀이가 이루어질 수 있는 놀잇감들을 선정해 제공하여 사회적 놀이 수준을 높이는 것도 좋다. 예를 들어, 공은 함께 놀아야 재미있는 사회적 놀잇감으로서의 요소가 많은 반면, 책은 그렇지 않은 것처럼 놀잇감 자체가 가지고 있는 사회적 요소를 고려한다.

• 가상놀이용 놀잇감을 사용한다. 가상놀이는 자폐 범주성 장애 아동에게 중요하다. 자폐 범주성 장애의 특성상 가상놀이에서 실제가 아닌 장난감이나 도구를 실제처럼 사용하는 상징성을 잘 받아들이지 못하는 경우도 있기 때문에 어릴 때

부터 간단한 가상놀이를 경험하는 것은 아동의 상징놀이 발달, 나아가 또래와의 어울림에 도움을 준다. 예를 들어, 장난감 컵 안의 실제로 있지 않은 주스를 소리를 내서 마시는 척하고, 퍼즐판의 병아리 조각을 들고 뒤뚱뒤뚱 걸어가는 척하고, 그림책 속의 수박 한 조각을 쏙 집어서 맛있게 먹는 척하며 아동에게 주기도 하는 등, 부모는 아동과 함께 놀면서 가상놀이를 유도하여 시범을 보이거나 참여할 수 있는 기회를 제공할 수 있다. 인형놀이는 대표적인 가상놀이이다. 인형놀이는 아기 인형을 돌보는 여러 가지 일상놀이를 하면서, 먹여 주고 입혀 주고 씻기는 놀이를 해 보는 것이 자기 자신 외의 다른 사람을 돌보는 사회적 기술을 시연하는 연습이 되곤 한다. 즉, 인형놀이를 통해 실제 일상에서 벌어지는 일을 연습해 볼 수 있다는 점에서 많은 도움이 될 것이다. 만약 아동이 실제 사람처럼 생긴 인형을 싫어하면 아동이 좋아하는 동물 인형으로 시작해 볼 수 있다.

{ 음악을 활용한다 }

자폐 범주성 장애 아동들 중에는 음악적으로 뛰어난 능력을 가진 아동이 있을 수도 있으며 Rimland, 1964, 음악을 좋아하는 경우도 많다. 따라서 음악은 여러 가지 활동의 소재로 활용하기 좋은 요소가 있으므로 자폐 범주성 장애 아동에게 필요한 상호작용, 사회적 의사소통을 도와주기 위해 사용할 때에 효과적이다.

음악 활용의 효과는 다음과 같다. 악기 연주는 손을 사용한 상동행동 감소에 도움이 되는 대체행동이 될 수 있으며, 반복해서 노래 가사를 익히면 문장을 연습하게 할 수 있고, 노래와 율동을 통해 모방능력을 향상시켜 줄 수 있으며, 합주놀이를 통해 다른 사람과 함께하는 상호작용을 이끌어 낼 수도 있다. 일상에서는 익숙한 노래로 간단한 지시 따르기 놀이를 할 수 있으며, 일주일에 한 곡씩 아동과 함께 노래와 율동을 반복하면서 가족이 함께하는 음율 활동을 만들어 갈 수도 있다.

악기놀이 활동을 위해서는 소리를 내는 방법이 쉬운 악기부터 시도해 보는 것이 좋다. 자폐 범주성 장애 아동을 위해서는 악기놀이를 하면서도 주고받는 상호작용 활동을 넣어서 할 수 있다. 예를 들어, 엄마가 탬버린을 든 채 특정 박자에 맞추어서 노래를 부르다가, 노래에 맞추어서 아동이 탬버린을 칠 수 있도록 아동에게 탬버린을 내밀어서 손으로 탬버린 북이 있는 면을 치게 하여 주고받는 차례를 경험하는 악기놀이 활동으로 만들어 줄 수 있다.

행동 조절의 어려움을
이해하고 도와주는 방법

자폐 범주성 장애 아동의 행동을 지원하기 위해서는 먼저 부모나 교사, 치료자가 긍정적인 마음가짐을 갖추어야 한다. '정말 이해할 수가 없어.' '도대체 이 아이는 왜 그럴까?' '아무리 가르쳐도 바뀌질 않는 것 같아.'와 같은 마음으로는 자폐 범주성 장애 아동의 행동을 지원하여 긍정적으로 변화시키기 어렵다. 행동지원을 하기 전에 우선 가져야 하는 기본 자세는 다음과 같다.

1. 자폐 범주성 장애의 특성을 이해한다.

앞서 1부에서 살펴보았듯이, 자폐 범주성 장애가 지닌 특성은 다른 장애와는 달리 독특하다. 또한 자폐 스펙트럼이라는 용어에서 알 수 있듯이, 자폐라는 동일한 진단명을 가졌더라도 개인적 차이가 정말 많은 장애군이다. 따라서 자폐의 주요 특성을 이해하는 것과 함께 지원할 자녀_{대상 아동}의 개별적 특성을 잘 알고 이해하는 것이 기본이 되어야 한다.

2. 행동의 조절은 누구나 어렵다.

행동문제를 단시간에 긍정적으로 변화시키는 것은 정말 어렵다. 더욱이 이미 오랫동안 습관이 되어 버린 문제 행동들은 쉽게 고쳐지기 어렵다. 뿐만 아니라 부모가 양육하는 방식도 아동의 행동학습에 영향을 미쳤을 가능성을 완전히 배제할 수 없으므로 적절한 행동으로 변화시키기 위해서는 오랜 시간동안 함께 노력해야 하는 과정이 필요할 수 있다.

3. 행동의 원인을 파악하기 전에는 함부로 단정짓지 않는다.

동일한 행동임에도 그 원인이 다른 경우가 많다. 예를 들어, 자폐 범주성 장애 아동의 동일한 질문을 반복하는 행동의 원인은 불안감을 자극하는 환경의 변화 때문일 수 있으며, 매번 대답을 해 주는 부모의 관심을 지속시키고 싶어서일 수도 있고, 어려운 질문을 하거나 과제를 시킬까 봐 회피하기 위한 것일 수도 있다. 따라서 행동의 이유가 무엇인지가 불명확할 때는 앞뒤 상황을 지켜보면서 아동의 행동의 원인을 좀 더 파악해 보는 것이 좋다.

4. 행동의 작은 긍정적 변화에도 감동하자.

문제 행동에 긍정적 변화가 있을 때에는 작은 변화에도 민감하게 반응하는 것이 좋다. 아동의 행동을 잘 관찰하면서 좋은 변화가 있을 때는 구체적인 칭찬과 함께 긍정적 피드백을 하는 것을 잊지 말아야 한다. 모든 행동은 주변의 피드백으로 학습이 될 수 있으므로 바람직한 행동으로 개선시키고 싶은 경우 그 행동이 발생되는 순간을 놓치지 않고 칭찬해 주고 격려하는 피드백이 필요하다. 우선 아동이 행동의 작은 변화를 만들어서 칭찬을 받을 수 있는 기회부터 주어야 한다. 따라서 바람직한 행동을 지금 당장 해내지는 못해도 목표한 행동과 유사한 행동을 할 때부터 잘했다고 칭찬하여 점진적으로 목표한 행동에 근접한 행동을 하게 만들어 주는 것이 효과적일 수 있다. 예를 들어, 줄서기가 힘들어서 기다리는 동안 소리를 지르는 자폐 범주성 장애 아동에게 우선 앞에 한 명만 있는 줄에서 기다리게 하고, 점진적으로 기다려야 하는 사람의 수를 늘려 가는 상황을 만들어 준다. 이것은 기다리는 인내심을 기르는 연습을 하게 하는 데 도움이 된다.

5. 행동지원으로 인해 자녀와의 관계를 나쁘게 만들지 말자.

행동문제를 지금 당장 고쳐 놓고야 말겠다는 부모의 작정이 지나치면 아동과의 관계를 나쁘게 만들고, 이로 인해 더 안 좋은 행동문제를 야기하는 악순환을 만들 수 있다. 따라서 정해진 규칙을 지키게 하는 훈육을 해야 하는 것은 맞지만 지나치게 많은 규칙, 이해하기 어려운 규칙, 지키기 어려운 규칙보다는 자폐 범주성 장애 아동이 지킬 수 있는 수준의 규칙을 정하고 훈련하는 것이 선행되어야 한다.

6. 행동문제는 발생 후 피드백도 중요하지만 예방할 수 있는 조정이 먼저 이루어져야 한다.

행동문제를 지원하는 방법에서 가장 중요한 것은 문제 행동 발생 후 상과 벌로 아동을 통제하려 하기보다 먼저 아동의 행동을 이해해야 한다는 것이다. 즉, 행동의 원인을 파악하고 그 행동이 다시 발생되지 않도록 우선 환경을 바꿔 보고, 자녀에게 필요한 조절 능력을 길러 주어서 문제 행동의 발생을 예방하도록 하는 것이 목표가 되어야 한다.

예를 들어, 소리에 민감해서 공중 화장실의 핸드드라이어 때문에 집 이외의 외부 화장실을 못 들어 가는 자폐 범주성 장애 아동이라면 헤드폰이나 이어폰을 사용하여 소음 차단의 효과를 체험하게 하면서 서서히 공중 화장실에 접근할 수 있게 만들어 주는 방법을 사용해 볼 수 있다.

혹은 식사시간에 숟가락을 식탁에 반복적으로 치면서 소리를 즐기는 아동이라면 매트를 깔아 주어서 식탁에서 즐기는 상동적 행동의 즐거움을 줄이고 식사에 집중하도록 유도할 수 있다.

{ 행동과 정서는 스스로 혹은 다른 사람을 통해 조절할 수 있다 }

자폐 범주성 장애 아동의 행동 조절 및 정서 조절의 문제는 스스로 조절하는 능력과 타인에게 도움을 청해서 조절하는 능력을 가지고 있을수록 해결하기 쉬워진다. 정서 조절은 사회 참여를 위한 기본적인 과정이다.

자폐 범주성 장애 아동을 위해 개발된 종합 프로그램인 SCERTS®
Social Communication Emotional Regulation Transactional Support에서 기본적인 정서 조절 지원 내용으로 제시하고 있는 것들을 살펴보면 다음과 같다이소현 외, 2014, 2016. SCERTS®에서는 자폐 범주성 장애 아동이 배워야 하는 정서 조절 방법으로 다른 사람파트너의 도움을 통해 조절을 하는 방법과 스스로 조절하는 방법 두 가지 모두를 학습하고 실행하는 것을 배울 필요가 있다고 강조하고 있다.

SCERTS®에서 정서조절을 위해 제시하는 다른 사람을 통해 조절하기 위한 기술들과 스스로 조절하기 위한 기술들은 다음과 같다.

❋ 상호 조절

• 다양한 정서기쁨, 슬픔, 분노, 두려움 등 표현하기
• 파트너가 제공하는 지원에 반응하기위로에 진정하기, 주의 환기시키면 참여하기,

파트너의 제안 중에서 선택하기 등

- 정서 조절을 위해 파트너에게 도움을 청하기 위로를 구하기, 긍정적 정서 공유하기, 좌절했을 때 도움을 청하기, 괴로울 때 거부하기
- 파트너의 도움을 받아서 조절의 어려움 회복하기 파트너의 행동전략 사용에 반응하기 등

✿ 자기 조절
- 학습 또는 상호작용에 참여하려는 행동 보이기
- 활동하는 동안에 각성 수준을 조절하기 위해 행동전략 사용하기
- 활동하는 동안에 각성 수준을 조절하기 위해 언어전략 사용하기
- 새롭고 변화하는 상황에서 정서 조절하기
- 극심한 조절장애로부터 스스로 회복하기

이와 같은 상호 조절이나 자기 조절 방법들의 구체적인 내용들을 문제 행동 대신에 사용할 수 있도록 지도해야 한다. 예를 들어, 듣기 힘든 소리가 들릴 때 아동이 자신의 귀를 막는 것으로 스스로 조절할 수도 있지만 다른 사람에게 이어폰을 달라고 하거나 도와달라고 할 수도 있어야 한다.

그 외에 문제 행동 발생 예방의 방법들을 살펴보면 다음과 같다.

{ 환경이나 도구를 바꿔 준다 }

자폐 범주성 장애 아동의 환경을 바꾸어 주는 것만으로 부적절하거나 부자연스러운 행동이 수정될 수 있다면, 즉 문제 행동 발생을 줄일 수 있다면 상당히 성공적인 것이라 할 수 있다. 문제 행동 발생 예방을 위한 지원은 다시 강조해도 지나치지 않다. 실제로 자폐 범주성 장애 아동에게 지나치게 개입하지 않고 환경이나 도구 수정만으로 행동문제를 예방하고 지원할 수 있는 방법들이 있다.

- 대상 아동의 행동문제를 발생시키는 자극이 되는 물건이나 보이는 부분을 환경에서 없애 주거나 가려 주기
- 부적절하게 반복하는 자극이 될 만한 것들은 다른 물건이나 놀잇감으로 대체해 주기
- 해야 하는 적절한 행동을 게시해 주기
- 감각회피로 인해 열린 공간을 힘들어하는 경우 칸막이, 개인용 카펫 등 경계를 만들어 주기

• 싫어하는 자극을 회피할 수 있는 물건예: 헤드폰을 사용하게 하기

예를 들어, 창문에 비친 불빛 자극에 몰두하느라 식사에 참여하기 어려운 아동을 위해 블라인드를 내려놓는 것으로 불빛 차단을 시켜 준다면, 혹은 의자의 방향을 바꾸어 주어서 시야에 창문의 불빛이 들어오지 않게 한다면, 불빛에 몰두하는 아동에게 말로 "거기 보지 말고 밥 먹자."라고 반복적으로 말하는 것보다 효과적일 것이다. 또한 바닥을 쿵쿵거리며 걷는 것을 좋아하는 아동을 위해 밑창이 두툼한 신발로 바꾸어 주거나 두꺼운 양말을 신게 하기, 두꺼운 카펫 깔아 놓기 등도 환경이나 도구를 변경한 예라 할 수 있다.

{ 긍정적 행동을 발달시켜 주는 좋은 전략 } : 미리 보여 주기, 파워카드

미리 보여 주기

미리 보여 주기priming 방법 역시 자폐 범주성 장애 아동의 문제 행동 발생 자체를 예방하는 데 효과적인 방법이다. 특히 자폐 범주성 장애 아동은 대개 특정 규칙에 집착하고 그 변화에 대한 수용이 어려우므로, 미리 알지 못한 일과의 변화, 공간의 변화, 물

건의 변화 등은 자폐 범주성 장애 아동의 행동문제를 발생시키기도 한다. 따라서 자폐 범주성 장애 아동의 행동 조절 어려움을 예방하기 위해서는 미리 알려 주고 보여 주는 전략을 사용하는 것이 바람직하다. 예를 들어, 다음에 가게 될 소풍 장소, 그 장소에서 가게 될 곳들을 미리 동영상으로 보여 주는 것은 미리 보여 주기 전략의 좋은 활용 예이다. 특히 유아기에 처음 가게 되는 어린이집, 유치원 그리고 학교 등 큰 변화를 앞두었을 때는 그 장소를 미리 가보거나 사진이나 동영상으로 보여 주는 것, 청각적 자극에 예민한 아동에게는 그 장소에서 듣게 될 소리를 녹음한 뒤_{예: 수업종료 종소리} 집에서 들려주어서 익숙하게 해 주는 것도 새로운 환경 적응에 도움이 된다. 다음의 예들은 '미리 보여 주기' 전략을 활용하는 방법들이다.

- 활동에서 활동으로, 장소에서 장소로 변화되는 전이를 시각적인 지원을 통해 알려 주기
- 해야 할 일의 시작과 끝을 보여 주기
- 과제의 양을 보여 주기
- 일과표를 통해 다음 일을 보여 주기

파워카드 전략

파워카드 전략은 많이 알려져 있지는 않지만 적절한 행동이나 사회적 기술을 가르치기 위해 시각적인 지원을 활용하는 방법 중 하나이다. 작은 카드에 자폐 범주성 장애 아동에게 맞는 스크립트_{대본}를 쓰고, 아동이 좋아하는 캐릭터의 그림이나 사진을 삽입한다. 파워카드는 간단하게 만들 수 있어서 활용하기에 좋다. 만드는 방법은 다음과 같다.

명함 크기의 작은 카드에 아동이 좋아하는 캐릭터를 그리거나 오려 붙인 후 바람직한 행동을 묘사한 간단한 스크립트를 쓴다. 예를 들어, 토마스 기차 그림 옆에 다음과 같이 글을 쓴다. "토마스는 오늘 친구들과 놀이할 때 장난감을 나누어 주기로 했어요." 이러한 카드는 물론 토마스 기차를 좋아하면서 장난감을 나누어 주는 것을 싫어하는 자폐 범주성 장애 아동에게 적용하는 것이 좋다. 이처럼 파워카드 전략은 부적절한 행동이 발생했을 때 벌을 주는 행동지원을 하는 것 대신 자폐 범주성 장애 아동들이 특별한 관심을 가지는 영역을 활용하여 발달되지 않은 사회적 행동과 의사소통 행동을 적극적으로 가르쳐 주는 방법이다. 파워카드를 만든 후에는 아동이 놀이하기 전에 한 번 보여 주고, 적절한 행동을 할 만한 맥락이 주어질 때 이름을 부르면서 함께 보거나 한 번씩 보여 주면 된다. 또한 아동이 그 행동 실행을 성공했을 때 칭찬과 강화를 주는 것을 병행하면 더 효과적이다.

{ 문제 행동 대신에 할 수 있는 말이나 행동을 가르쳐 준다 }

문제 행동의 원인을 파악하고 나서 적절한 행동으로 유도하기 위해 물리적 환경을 바꾸어 주고 적절한 피드백을 준다고 해도, 아동이 그 문제 행동의 목적을 어떤 방법으로 성취해야 하는지를 알지 못한다고 한다면 형태만 달라질 뿐 문제 행동은 또 발생될 가능성이 높다. 따라서 문제 행동 대신에 할 수 있는 적절한 행동, 적절한 말을 가르치는 것이 반드시 병행되어야 한다. 우리는 이러한 것을 대체행동이라 한다. 대체행동은 사회성 기술과 의사소통 기술, 감정 조절기술, 놀이기술을 말한다.

즉, 만약 자폐 범주성 장애 아동이 무언가를 갖고 싶어서 뺏는 행동을 한다면 동일한 목적의 적절한 의사소통 방법인 "주세요." "하나만 줘."를 말하는 것 혹은 손을 내밀어서 달라는 표현을 하는 것을 가르쳐야 한다. 또한 만약 아동이 놀이기술이 부족해서 자동문을 열었다 닫았다만 반복한다면 혼자서 놀이할 수 있는 유사한 즐거움을 줄 만한 놀잇감이 제공되어 적절한 놀이 경험을 하게 해야 한다.

스스로 결정하게 해 준다

아동 스스로 선택하여 결정을 하게 하는 것은 문제 행동의 발생을 예방할 수 있는 방법 중 하나이다. 대체로 어떤 것을 해야 할 때 스스로 선택하게 하는 것은 약간의 동기를 만들어 줄 수 있다. 싫어하는 과제나 활동이라 하더라도 둘 중에 하나를 선택할 수 있게 기회를 주는 것은 일방적으로 지시하는 것보다 아동을 존중하게 되어 자존감 형성에도 도움이 된다. 또한 스스로 선택하고 결정하는 능력을 길러 주는 것은 나아가 청소년기 및 성인기의 발달에 꼭 필요한 자기결정 능력의 기초가 될 수 있다.

연습을 위해서는 특별하지 않은, 일상적인 일과 안에서부터 선택할 수 있는 기회를 주어 본다. "신발 어떤 거 신을 거야? 이거?

아님 저거?" "엄마는 오늘 이 양말 신을까, 저거 신을까?" 아직 선택하는 질문에 대한 이해가 어려운 영유아의 경우에도 선택한 것에 대한 결과^{자신이 갖게 되는 등}를 반복적으로 경험하면 선택의 힘을 알게 되고, 선택할 줄 알게 된다.

{ 감각의 어려움을 이해하고 도와준다 }

자폐 범주성 장애 아동의 감각문제는 2013년 DSM-5가 발표된 후 더 주목받기 시작했다. 감각적인 민감함과 감각적인 둔감함으로 인해 자폐 범주성 장애 아동들은 주변 환경과 상호작용하는 데 있어서 어려움을 지니곤 한다. 구체적으로는 시각, 청각, 촉각, 후각, 미각과 같은 주요 감각에 있어서의 감각적 특이성을 갖는 것을 의미한다. 따라서 이 같은 감각 영역에서 특별히 힘겨워하는 부분들을 도와주기 위해 가장 우선되어야 하는 것은 아동과 상호작용하는 다른 사람들이 아동의 감각적 특성을 알고 이해하는 것이다. 그런 후에 감각의 문제를 지원함에 있어서 아동이 일상생활하는 데에 불편함이 없도록 감각자극을 줄여 주거나 감각적 민감함을 넘어서 적응력을 높여 주는 것으로 지원의 방향을 잡아야 한다는 것이다.

1. 감각의 패턴을 알아야 한다.

특정 소리나 냄새를 싫어하는 자폐 범주성 장애 아동도 있지만 특정 소리 듣기나 냄새 맡기를 좋아하는 아동도 있다. 이처럼 자폐 범주성 장애 아동의 감각적 특성은 다양하므로 먼저 개별 아동의 특성을 파악하는 것이 중요하다. 감각 패턴을 알아야 어떻게 접근해야 하는지 지원 방향을 잡을 수 있기 때문이다.

자폐 범주성 장애 아동의 감각 패턴 파악을 위해 우선적으로는 시각, 청각, 미각, 후각, 청각 영역에 대한 반응들을 잘 살펴보아서 감각을 회피하는 경향이 있는지, 감각을 추구하는 경향이 있는지를 알아 가는 탐색 과정이 필요하다.

2. 감각적 민감함이나 둔감한 부분에 대해 목록을 만들어 공유한다.

감각적으로 예민한 부분과 둔감한 부분이 어떤 것들일까에 대한 감각 패턴은 부모가 가장 잘 알고 있다. 따라서 부모는 자녀의 감각 패턴의 구체적인 예시가 포함된 목록을 만들어서 아동이 자주 만나는 교사, 치료자들과 공유하는 것이 좋다. 왜냐하면 이러한 내용을 교사나 치료자들이 미리 알고 있지 않으면 아동을 파악하는 데 시간을 소모할 수 있기 때문이다. 알고 있는 내용을 교사나 치료자에게 알려 줄 때는 감각 문제별로 목록화해서 알려 주는 것이 좋고, 그럴 때 가정에서 효과적으로 대처했던 방법이 있다면 그 방법에 대해서도 공유하면 가정과 치료 교육 장면이 협력적으로 아동을 잘 지원할 수 있는 기초가 될 것이다.

3. 체계적 둔감화 방법을 사용한다.

감각적인 어려움을 돕기 위해 체계적인 둔감화 방법을 써 본다. 체계적 둔감화란 받아들이기 어려운 감각적 자극에 점진적으로 노출하게 하여 감각적 예민함을 점차 둔감화시키는 전략을 의미한다.

예를 들어, 특정 음식 혹은 촉감을 지나치게 거부하는 자폐 범주성 장애 아동에게 처음엔 엄마나 아빠가 만지는 것을 혹은 먹는 것을 보기만 하게 하다가 조금씩 조금씩 직접 경험해 보게 하여 점진적으로 감각적 경험을 늘려 가는 것을 의미한다. 때론 이러한 방법을 사용하면서 싫어하는 경험 뒤에 좋아하는 경험을 체험하게 하여 감각적인 힘겨움을 극복할 수 있는 힘을 제공하기도 하는데, 이것을 프리맥 원리라고 한다.

4. '손 위에 손' 방법을 사용한다.

감각적으로 예민하여 특정 촉각을 회피하는 자폐 범주성 장애 아동이 풀칠을 해야 하거나 찰흙놀이를 할 때, 손에 닿는 느낌이 너무 싫어서 활동 참여 자체를 거부하는 경우가 있을 수 있다. 손에 닿는 것을 싫어할 경우 엄마, 교사 등 다른 사람의 손 위에 아동의 손을 올리게 해서 특정 자극에 근접하게 하는 정도만 경험하게 할 수 있다. 이 방법은 요리하기, 미술 놀이와 같은 특정 활동을 할 때 활용하거나 일상생활에서 활용할 수 있다. '손 위에 손' 방법부터 시작하여 재료와 근접해지는 것에 익숙해진 후에는 아주 짧은 시간 동안 일부분만 직접 경험하는 것으로 변화시켜 보는 등 점진적으로 경험의 순간을 길게 만들어 주는 체계적 둔감화의 방법으로 도와준다. 궁극적으로는 이 방법을 토대로 아동이 기피하는 물건이나 재료를 어려움 없이 스스로 탐색할 수 있도록 만들어 줄 수 있게 하는 목적을 갖는다.

편식이 있어요

자폐 범주성 장애 아동이 편식을 하는 이유는 여러 가지가 있지만 아동의 특성에 따라 각기 다른 이유나 특성을 가지고 있을 때도 있다. 한 가지 음식만을 먹으려 하는 아동도 있고, 같은 재료라도 자신이 원하는 형태로만 먹으려는 아동도 있으며, 샐러드나 카레 처럼 여러 가지가 섞여 있는 음식이 싫은 아동도 있고, 잇몸에 닿는 느낌이 싫어서 이로 잘라 먹어야 하거나 가능한 한 꼭꼭 씹어야 하는 음식을 싫어하는 아동도 있다. 따라서 편식 역시 아동의 호불호를 명확하게 알아야 한다. 다른 아동과 동일한 감각을 지니지 않은 것에 대해 무조건 깊게 개입하여 강압적으로 단번에 고치려고만 하는 것은 아동을 더 힘들게 만들고, 또 다른 행동문제를 양산하게 된다. 즉, 편식의 문제 역시 감각적 어 려움으로 보고, 가능한 한 점진적으로 개선할 수 있는 방안을 모색하는 것이 좋다.

예를 들어, 먹지는 않아도 되지만 다른 사람이 먹는 것을 보게 하는 것부터 시작해서 냄 새만 한 번 맡기, 아주 작은 조각만 입에 대 보기, 싫어하는 음식을 삼키고 얼른 좋아하 는 음식 먹기 등 조금씩 조금씩 아동의 편식 행동과 타협하면서 발전하게 하는 방법이 좋다. 모든 음식을 골고루 먹는 것은 영양의 균형을 위해 도움이 되지만 굳이 그 음식을 먹지 않아도 다른 음식으로 균형을 이루게 할 수 있는 음식이 있다면 불필요한 시간과 노력으로 아동을 강요하고 있는 것은 아닌지에 대해서도 생각해 보아야 한다.

수면문제가 있어요

수면문제의 원인을 찾는 것이 중요하며, 때로는 아동의 각성 수준, 불안문제, 잘못된 습관 등과 관련되어 있을 수 있다. 정확한 요인을 찾는 것이 우선이다. 필요한 경우, 먼저 일정한 수면습관을 가지게 하기 위해 수면 일과를 만들어 보고 낮잠을 조정하는 것, 낮의 활동에서 에너지를 많이 사용하는 것으로 변화시켜 주는 것도 효과적일 수 있다. 또한 자기 전에는 편안한 수면 환경을 조성해 본다. 따뜻한 물로 목욕을 하게 한 후 전자기기를 주변에서 모두 치우고 방 안의 온도도 점검한다. 마음이 안정될 만한 인형이나 다른 물건을 가지고 자게 해도 된다. 단, 놀잇감이 오히려 아동을 활동적으로 만드는 방해물이 된다면 치워 놓는 것이 좋다. 방 안에 가족 구성원 중 깨어 있는 사람이 없는 것처럼 불을 끄고 아동의 놀이 시작에 어떤 반응도 하지 않는 것이 좋다.

만약 여러 가지 방법으로도 개선되지 않고, 수면을 방해하는 각성 수준 조절이 지속적으로 어려워 보이면 전문의와 의논해 보아야 한다. 주치의와 상담을 할 때는 그동안 기록해 온 수면 일지를 가져가서 설명하면 도움이 된다.

{ 동반장애가 있는 경우 }

자폐 범주성 장애 진단을 받은 아동이라 하더라도 다른 장애를 동반하는 경우도 있다. 예를 들면, 주의력결핍 과잉행동장애, 시각장애와 동반한다거나 청각장애, 뇌병변 장애 등이 동반되는 경우이다. 시각장애나 청각장애가 함께 동반되는 경우 시각장애나 청각장애의 특성을 고려하여 지원 방법들을 생각해야 하므로 더 많은 고민과 노력이 뒤따른다.

시각장애의 경우 자폐 범주성 장애 아동에게 도움이 되는 시각적 지원에 한계가 있어서 다른 감각적 자극을 제공해야 하며, 청각장애 역시 대화의 어려움을 가지는 자폐 범주성 장애 아동에게 수화나 구화를 함께 가르쳐야 하는 어려움이 있을 것이다.

뿐만 아니라 자폐 범주성 장애는 청소년기에 갑자기 시작되는 경련장애를 동반하기도 하는데, 이에 따른 경련 예방을 위한 약물 처방은 당연히 신경과 전문의와 의논해야 한다.

주의력결핍 과잉행동장애도 동반될 수 있는 장애 중 하나이다. 주의력결핍 과잉행동장애를 동반할 경우 주의력이나 충동성, 과잉행동 문제를 도와주기 위한 가정이나 학교의 노력도 있어야 하며, 학령기에 들어서서는 전문의와 상담한 후 의료적 지원을 검토해야 할 수도 있다. 경련장애와 마찬가지로 정확한 진단과 처방을 위해서는 소아정신과 전문의와의 상담이 필요할 것이다.

자폐 범주성 장애 아동 가족을 위한 자원으로서의 지원

현재 국내에는 자폐 범주성 장애 아동의 부모들 모임이 지역별 혹은 전국 단위로 많이 있는 편이다. 자폐 범주성 장애 아동을 자녀로 둔 부모 자조집단은 진단 후 적절한 지원 방법에 대한 여러 가지 정보들, 생애주기별로 가족이 준비해야 하는 정보들, 복지 체계 안에서 국가의 도움을 받을 수 있는 다양한 정보들을 서로 주고받을 수도 있고, 걱정스러운 부분들을 함께 나누는 것을 통해 정서적 지원을 받을 수 있다는 의미에서 중요하다. 국내에는 다양한 부모모임이 있으나 대표적으로 다음과 같은 모임을 소개할 수 있다.

- 한국 자폐인 사랑 협회
- 한국 장애인 부모회

또한 자폐 범주성 장애 아동의 특성에 따른 치료나 교육 관련 서비스에 대한 정보를 제공받기도 하고 치료나 교육을 직접 받거나 지역사회 기관을 소개받을 수도 있는 목록은 다음과 같다. 각

기관의 설립 목적에 따라 지원의 차이가 있으므로 홈페이지를 확인하고 활용하는 것이 효과적이다.

- 특수교육 지원센터
- 장애인가족 지원센터
- 육아종합 지원센터
- 발달장애인 지원센터
- 발달장애 거점병원
- 행동발달 증진센터
- 소아청소년 정신과
- 장애인 종합 복지관
- 정신건강 증진센터
- 아이존

Part 3

자폐 범주성 장애 아동·청소년을 위해 가정에서 할 수 있는 활동들

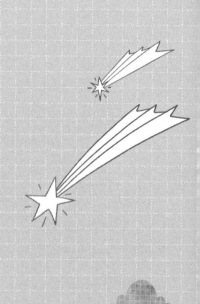

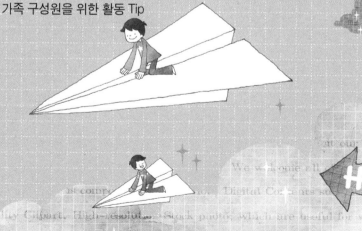

3부에서는 자폐 범주성 장애의 주요 어려움인 사회성과 의사소통, 독특한 행동특성을 고려하여 도움을 주기 위해 가정이나 현장에서 활용할 수 있는 활동들을 소개하고 있다. 세부 활동은 예시들이기 때문에 개별 자폐 범주성 장애 아동에게 맞게 수정·보완하여 적용이 가능하다. 수정·보완을 할 때는 다음과 같은 고려사항들을 참조하면 좋다.

- 어떤 요소가 활동을 재미있게 만들어 주는가? 즉, 흥미나 동기를 만들어 주는가?
- 활동의 감각적 요소가 아동의 활동 참여를 방해하지는 않는가?
- 어떤 요소가 가르칠 자폐 범주성 장애 아동의 발달을 돕는가? 어떤 발달을 돕고 있나?
- 어떤 도구가 필요한가?
- 활동 참여와 학습에 효과적인 시각적 지원, 구조화, 특별한 관심을 충분히 활용하고 있는가?
- 자폐 범주성 장애 아동의 언어나 인지적 수준에 맞추어서 방법, 절차 및 난이도를 조정할 필요는 없는가?

감정인식 능력을 길러 주는 활동

주사위를 활용한 놀이이다. 여섯 면의 그림에 여섯 가지의 감정, 즉 기쁨, 슬픔, 화남, 놀람, 부끄러움, 당황스러움 등이 표시되어 있다. 기본적인 감정부터 쉽게 시작하려 할 때는 기쁨, 슬픔, 화남만으로 각각 2개씩 구성해도 좋다.

감정주사위를 던져서 어떤 기분을 표현하는 것인지를 맞추는 것으로 시작한다. 언어표현이 가능한 아동에게는 언제 그런 기분이 드는지까지 이야기를 해 보게 한다. 이때 아동이 적절한 답을 하기 어려울 때는 가족, 형제, 친구, 교사 등이 먼저 자신의 얘기를 하는 것으로 시작하는 것이 좋다. 혹은 아동의 일상을 회상하

면서 부모가 몇 가지의 예시를 들어 주어서 골라서 말할 수 있게 해 줄 수도 있다.

정서 읽기 활동

여러 가지 정서가 드러나 있는 사진이나 그림 카드를 활용하여 캐릭터의 표정을 보고 어떤 감정인지를 맞추고 가져가는 게임을 할 수 있다. 감정을 인식하고, 이해하는 것은 표정을 인식하는 데에서부터 출발하므로 정서카드를 활용하는 것은 감정 인식에 도움이 된다.

가족들이 감정이 드러나는 표정을 연출하여 사진을 찍어서 출력한 후 정서카드로 사용하는 것도 재미있다. 정서카드를 여러 장 만들어서 가운데 놓고 뒤집을 때마다 카드에 드러난 정서를 먼저 말하는 사람이 가져가게 하고, 카드를 많이 모으는 사람이 이기는 게임으로 규칙을 정해서 재미있는 놀이로 활용할 수도 있다.

✿ 활용하기
• 정서카드 놀이가 어느 정도 익숙해져서 표정을 보고 감정을 읽는 능력이 향상되면, 1장의 사진 안에 있는 두 사람이 입장에 따라 다른 정서를 가질 수도 있다는 것을 배울 수 있도록

활동을 확장한다. 이러한 활동에 사용하기 좋은 상용화된 도구들도 나와 있는데 이러한 것들을 활용할 수도 있고, 아동이 좋아하는 동영상을 캡처해서 출력하여 정서카드를 만든 후 놀이 활동에 사용할 수도 있다.

엄마/아빠는 무엇을 좋아할까?

이 활동은 자폐 범주성 장애 아동의 좋은 기억력을 활용해서 아동이 어려워하는 '입장 바꿔 생각하기'를 연습하게 하는 활동이다. 먼저 엄마와 아빠가 무엇을 좋아하는지를 숙지시킨 후 아동이 기억하고 있는 것을 찾게 한다. 예를 들어, 엄마나 아빠가 자신들이 좋아하는 과일이 그려진 카드를 보여 주면서 알려 주어 아동이 기억하게 한다예: "나는 포도가 좋아". 그리고 엄마가 좋아하는 과일은 어떤 것이었는지를 질문하고, 아동이 과일 카드들 중에서 찾

아서 갖다 달라고 한다. 아빠 역시 같은 지시를 하여 아빠가 좋아
하는 과일을 찾아보는 활동을 한다. 이러한 방식으로 과일, 동물,
색깔 등 다양한 범주들을 활동에 넣어서 활용해 볼 수 있다. 물
론 동기나 흥미 유발을 위해 많이 맞추면 주는 부상이 있으면 더
좋다.

공동관심 능력을 길러 주는 활동

공동관심 능력이란 아동이 다른 사람이 기울이는 관심 표현에
적절한 관심을 보이거나 자신이 관심 있어 하는 물건이나 주제
등에 타인이 관심을 갖도록 끌어들이는 능력을 의미한다. 자폐
범주성 장애 아동의 경우 이러한 능력이 부족해서 공동관심 능력
을 길러 주기 위한 노력이 필요하다. 공동관심 능력을 길러 주기
위해서는 좋아하는 관심사에 대하여 다른 사람과 함께했던 활동
경험이나 그 활동 속에서 즐거움을 함께 가졌던 내용이 밑바탕이
되므로 이러한 경험을 만들어 주는 것이 중요하다.

색깔 찾기

색깔 찾기는 누군가가 관심 끌려는 행동에 주목하고, 그에 대해

반응하는 능력을 향상시켜 주기 위한 활동이다. 벽이나 바닥, 창문 등 함께 있는 공간의 곳곳에 색종이를 붙여 두고 상대방이 어느 곳을 보고 있는지를 알아맞히는 게임이다.

술래를 한 명 선정하여, 술래가 보고 있는 색종이의 색이 어떤 색인지를 맞추게 한다. 집중하여 잘할 수 있도록 술래는 "어느 색을 보고 있을까요. 하나~ 둘~ 셋!"이라는 말과 동시에 시선을 멈추고 색종이를 정해진 시간 동안 보고 있기로 정한다.

게임의 난이도는 참여 정도에 따라 높여 간다. 처음에는 성인이 술래를 하다가 익숙해지면 술래를 아동과 번갈아 할 수 있으며, 술래가 보고 있는 시간을 처음엔 길게 주다가 나중에는 점점

줄여 갈 수도 있고, 처음에는 술래가 어디를 보고 있는가를 쉽게 알 수 있도록 술래 앞에 와서 눈을 쳐다볼 수 있게 하지만 난이도를 높여 가면서는 정해진 자리에 앉아서 관찰하는 것으로 바꾸어 본다. 눈을 맞추기 어려워하고 집중하기 어려워하는 자폐 범주성 장애 아동이 쉽게 알 수 있도록 술래가 가리키기 몸짓을 함께 사용하면서 시작해도 좋다. 색깔 이름을 모르거나 관심 없는 아동에게는 동물, 탈 것 등 다른 주제를 사용해도 좋다.

동화책 활동

자폐 범주성 장애 아동에게 동화책을 읽어 주는 활동은 동화책의 내용을 아동이 읽고 이해하게 하는 문해 활동으로서의 목적만을 지니고 있는 것은 아니다. 또한 언어표현이나 이해능력을 향상시키기 위해서만도 아니며, 사회성, 인지 등 다양한 발달에 밑거름이 되게 하기 위한 목적이 포함되어 있다.

동화책 활동을 위해서는 어느 시간에, 어느 장소에서 읽어 줄 것인가를 정해야 한다. 이것은 아동으로 하여금 동화책 읽기 활동에 잘 집중하게 하여, 원하는 성과를 얻기 위해서이다.

✿ 동화책 선정하기

• 아동의 발달 수준에 맞는 동화책을 선정한다.

- 연령이 낮거나 발달 수준이 낮은 유아일수록 이야기의 기승전결이 있는 것보다 한 장면이 하나의 사건으로 끊어지면서 반복되는 것이 다음 장면을 예측하기 쉬워서 흥미를 유발시키기 좋다. 예를 들어, '사자가 어푸어푸 세수를 하고 있어.' '토끼는 뽀드득뽀드득 세수를 하고 있지.' 등 캐릭터만 바뀌면서 반복되는 동화 내용은 2~3회 읽기 활동이 진행될수록 아동으로 하여금 다음 장면에 대해서 미리 알고 기대를 하게 만든다. 쉬운 반복이므로 아동은 처음 읽어 줄 때보다 두 번 세 번 읽어 주기 활동이 반복될 때 더 흥미를 가지게 된다. 또한 다음 장면에 대한 기대 후에 실제 기대한 내용이 동화 내용과 일치되는 것을 보게 되면 흥미와 즐거움이 상승하게 된다. 내용에 익숙해지면 다음엔 누가 나와서 무엇을 할까를 함께 맞추어 본 후 천천히 한 장씩 넘겨서 확인하는 활동으로 즐겁게 동화책 읽기를 진행할 수 있다.

- 글자를 그대로 읽어 주는 동화책 활동이 아니므로 글밥이 많고 적음에 치우치기보다는 이야기를 발달수준에 맞게 재미있게 풀어 갈 수 있는 책을 선정한다.

- '오늘의 동화책'을 선정할 때는 새로운 동화책을 소개하는 것과 며칠 전 읽었던 동화책을 다시 읽어 보는 것을 병행하는 것이 좋다. 이러한 방법은 기존의 동화책을 반복하여 봄으로

써 알고 있는 것을 확인하는 경험을 통해 자신감을 올려 줄 필요가 있는 아동에게 더욱 효과적이다.

✿ 활용하기

• 동화책을 반복하여 읽어서 특정 동화책에 익숙해질 때쯤 아동과 함께 책을 가운데에 놓고 아동과 번갈아 읽기를 시도해 본다. 이는 동화책을 읽으며 차례 지키기를 익히는 것에 도움이 된다.

• 동화책의 결말을 만들어 본다. 만든 결말을 그림으로 그려서 동화책의 맨 뒷장에 붙여 넣는다.

• 동화책에 나오는 등장인물의 감정을 예측해 보면서 표정 스티커를 등장인물 얼굴에 붙여 본다.

• 인형이나 소품을 활용해서 동화책의 내용으로 극놀이를 해 본다.

• 동화의 내용으로 퀴즈 놀이를 해 본다.

• 자폐 범주성 장애 아동 자신이 주인공이 되는 이야기로 이루어진 새로운 동화책을 함께 만들어 본다.

대화 능력을 길러 주는 활동

그림일기는 발달의 여러 영역을 도와주는 의미있는 활동이다. 즉, 언어발달뿐 아니라 인지능력, 소근육 기술도 향상시켜 준다. 또한 자폐 범주성 장애 아동에게는 하루를 회상하여 일상을 순차적으로 풀어 내는 중요한 활동이 될 수 있다. 최근에는 스마트폰을 사용하게 되면서 일상에서 아동과 부모가 함께 경험했던 장면을 사진으로 남기는 일이 쉬워져서, 사진을 보면서 이야기를 나누면 회상하여 일어난 순서대로 이야기를 끌어가기 더 쉽다. 그림일기 활동은 사진을 함께 보면서 어디에서 어떤 일들이 있었는지를 함께 이야기하는 것으로 시작하면 된다.

자폐 범주성 장애 아동과의 그림일기 활동에서는 그림일기장에 그림을 그리고 글씨를 쓰는 것보다는 우선 함께 경험한 것을 회상하여 이야기하는 데에 중점을 두어야 한다. 경험한 것을 회상하기 어려워할까 봐 경험한 내용을 볼 수 있는 사진을 단서처럼 활용하는 것이다.

그림일기 작성 활동에서는 아동의 연령과 발달수준에 따라 스케치북, 종합장, 그림일기장 등을 선택하여 사용하면 된다. 글자를 배우기 어려운 발달수준이라면 글을 넣지 않고 그림만 그리고, 글을 배우기 시작할 연령이라면 함께 이야기한 문장을 부모가 써 주고, 그 내용 중 한 단어 수준의 글자만 넣어서 써 보게 하다가 점차 글쓰기 분량을 늘려 가기도 하는 등 다양하게 적용할 수 있다.

✿ 활용하기

- 그림일기라고 해서 꼭 그림을 그릴 필요는 없다. 그림 그리기가 아직 어려운 수준의 유아를 위해서는 사진을 출력해서 붙이고 함께 이야기하는 것으로 시작해도 된다.

- 가족은 때로 아주 특별한 장소에 가기도 한다. 거기서 가져온 물건이나 작은 소품이 아동과 그날에 있었던 일을 회상하는 아주 중요한 단서 역할을 하기도 한다. 예를 들어, 산에서 주워 온 단풍잎을 보면서 그곳에서 보았던 것들, 있었던 일들을 이야기해 주는 것은 사진보다 실물이기 때문에 아동에게 더 큰 회상 효과가 있을 것이다.

- 그림 그리기를 어려워하는 아동의 경우, 부모가 옅은 색으로 그린 후 그 위에 아동이 짙은 색의 색연필이나 사인펜으로 덧그리고 색칠하게 할 수 있다. 또는 부모가 쓴 글자에 아동이 덧쓰게 하여 글쓰기 모방부터 하게 할 수 있다. 아동이 자

발적으로 그리고 싶은 의지가 생겼을 때 아동이 아무렇게나 끄적이고 나서 "사과"라고 말을 해도 사과라고 인정해 주고 칭찬해 주는 것도 필요하다. 이때 굳이 부모가 사과를 옆에 잘 그려서 아동이 위축되게 만들 필요가 없다. 만약 완벽한 사과를 그리고 싶어 하는 아동이어서 그림을 그릴 때마다 의존도가 높아 엄마나 아빠가 그리기를 기대하며 그려 달라고 요구하는 아동이라면 '함께 그릴 것'을 제안하며 아동의 손을 함께 잡고 그리는 것도 좋다.

- 어느 정도 글쓰기가 진행되면, 한 문장으로 글쓰기를 시작하다가 복합 문장으로 유도해 가는 것이 언어발달에 도움이 된다. 예를 들어, "엄마와 마트에 갔어요."라고 쓴 아동에게 강아지가 마트 앞에 있었던 사진을 보여 주면서 엄마가 "그런데~"라고 운을 띄워 주면서 아동이 다음을 이어 갈 수 있게 기다림으로써, 접속사가 있는 문장으로 이어 쓸 수 있게 발전시킬 수 있다. "그런데~"라고 말한 후에도 아동이 말을 이어 가지 않으면 엄마나 아빠가 "그런데~~ 강아지가 자고 있었어요."라고 말해 주는 것으로 복합 문장을 배우는 첫 단계를 경험하게 할 수 있다.

이 활동은 무언가 잘못된(부조리한) 내용이 들어 있는 그림이나 사진을 보고 함께 찾아내는 활동이다. 이미 상용화되어 있는 사진이나 그림 모음집들도 있지만, 인터넷을 검색하여 직접 만들거나 부모가 그림으로 그려서 만들어도 좋다.

예를 들어, 주전자에서 물을 따르고 있는데 물이 넘치고 있는 장면, 테니스 채 대신 프라이팬을 들고 테니스 코트에 서 있는 운동선수, 속옷 차림으로 밖에 나가는 사람, 숟가락으로 사과를 깎으려는 사람 등 부자연스럽거나 부적절한 모습을 담은 사진이나

그림을 이용한다.

잘못된 부분을 찾은 뒤에는 "아저씨, 그걸로 공을 치면 안 돼요." 또는 "아줌마, 물이 넘치고 있어요."와 같이 그 장면의 주인공에게 해 줄 수 있는 말을 해 보게 한 후, 엄마나 아빠가 상대역할을 하면서 간단한 대화를 연습해 본다.

이러한 활동은 문제를 해결하는 부분에 대한 다양한 생각들을 끌어낼 수 있어서 아동의 문제해결 능력 향상에 도움이 될 수 있다.

요리하기

가족과 함께하는 요리 활동은 다양한 영역의 발달 촉진이 가능한 활동이다. 요리 활동으로 사회적 의사소통이 가능하며, 요리 경험을 통해 민감하거나 둔감한 감각적 자극을 조절하면서 감각 경험의 폭을 넓혀 줄 수 있다. 아동이 싫어하는 음식이라 하더라도 만들어서 주는 역할, 먹는 것을 보는 역할을 하게 하기도 하고, 꼭 먹지 않아도 자르기, 닦기, 모양 내기 등 즐겁게 요리 활동을 할 수 있는 다양한 흥미 요소가 있어서 아동의 참여를 유도하기에 수월하다.

요리 활동은 칼과 같은 위험한 도구를 사용하지 않는 수준에서 시작한다. 토스트 만들기, 수제비 반죽하기 등 복잡한 재료나 특별한 도구가 필요하지 않은 것에서 시작해서 점차 다양하고 어려운 활동으로 변화시켜 갈 수 있다. 요리 활동을 할 때는 아동의 감각 특성, 즉 후각, 촉각, 미각을 고려한 재료 선정과 활동 진행이 필요하다. 요리 활동을 처음 시작할 때는 아동이 좋아할 만한 음식을 간단하게 만들어 보기부터 할 수 있다. 예를 들어, 바닐라 아이스크림 위에 초코 시럽을 짜서 장식하기는 요리 과정이 간단하며, 아동이 좋아하는 음식을 먹을 수 있다는 상상만으로 즐겁게 참여할 수 있을 것이다. 또는 토스터에 빵을 넣고 일정 시간이 되면 튀어오르는 것을 기다리기, 빵에 잼을 바르기, 빵을 반으로 접기, 모양 틀로 자르기 등으로 간단한 순서를 지키게 하며 요리를 할 수도 있다. 이처럼 요리 활동의 구체적인 세부 행동들을 해 보게 하는데, 우선 부모가 시범을 보이고 이를 모방하게 하는 등 여러 가지 요리 활동에 참여를 하게 하는 것으로 시작해서 다양한 상호작용을 유도해 본다.

요리하기 역시 자폐 범주성 장애 아동을 위해 유용한 자료는 시각적인 지원 자료이다. 발달수준에 맞게 동영상, 사진, 그림과 같은 시각적인 자료로 요리 절차를 보여 주면서 활동을 진행하면 아동의 불안감을 낮추면서 활동에 대한 기대를 높이게 되어 참여도를 높이면서 즐겁게 활동할 수 있다.

또한 요리 활동 중에는 요청이나 제안하기 등 다양한 목적의 의사소통이 오고갈 수 있도록 유도할 수 있다. 따라서 이러한 의사소통 촉진 활동으로서도 요리 활동은 의미가 있다.

✿ 요리 활동 시 사회적 의사소통 예시

- "어떻게 만들까?" - "크게 만들어 주세요."
- "먹어 볼래?" - "저도 주세요."
- "엄마도 먹고 싶구나." - "이것 먹어 보세요."
- "맛있니?" - "맛있어요/맛없어요."
- "어떤 맛이 나니?" - "짜요/달아요/셔요/매워요."
- "우와~ 엄청 크다." - "잘라 주세요."
- "필요한 게 있니?" - "포크/숟가락/그릇 주세요."
- "어떤 모양으로 만들 거니?" - "동그랗게/네모/세모/하트/다 이아몬드 모양으로 만들 거예요."
- "촉감이 어때?" - "말랑말랑해요/딱딱해요/부드러워요/쫀득 쫀득해요."

기자놀이

기자놀이는 다른 사람에게 무언가를 묻고 들은 내용을 전달하는 놀이이다. 언어표현이나 이해능력에 있어서 기자놀이를 하기에 적합한 발달수준의 아동에게 효과적이다. 말로 전달하는 게

어려운 아동에게는 그림으로 표시하게 하는 것도 대안적인 방법
이 될 수 있다.

무엇을 물어보아야 하는지를 정해 두고, 아동으로 하여금 다른
사람에게 물어보고 와서 대답을 전달하는 활동이다. 일상에서 많
이 적용할 수 있는 사회적 의사소통에서 중요한 대화 소재들을
다루면 좋을 것이다. 또한 연령, 발달수준, 좋아하는 주제에 따라
서 질문을 다르게 설정할 수 있다.

✿ 기자놀이 질문 예시
- "어떤 음식을 제일 좋아해요?"
- "무슨 색깔을 제일 좋아해요?"
- "어떤 동물을 제일 좋아해요?"
- "어떤 동물을 제일 싫어해요?"
- "어디로 여행을 가고 싶어요?"

'무엇' 혹은 '누구'를 질문하는 것이 가장 간단하므로 간단한 답
을 듣고 전달할 수 있는 질문 유형에서 시작해서 '어떻게' '왜' 질
문으로 확장해 나가는 것이 좋다.

❂ 자폐 범주성 장애 청소년에게 적용하기

- 어느 정도 언어표현이 가능한 자폐 범주성 장애 청소년이라도 다른 사람과의 대화에 필요한 공통 주제에 대한 관심이 결여되어 있거나 대화 중 주제에서 벗어나기 쉽고, 다른 사람의 이야기를 경청하는 능력의 어려움이 있을 수 있다. 이 활동에서는 이러한 어려움들을 지원하고 연습하는 목적을 가지게 된다.

- 정말 기자가 된 것처럼 사회 이슈를 물어 보는 것으로 정하고, 세부적인 질문을 파고드는 것을 연습하게 해 볼 수 있다.

- 다음은 예시이다.

- "코로나19 전염병 예방을 위해 어떤 방법이 제일 좋다고 생각하세요?"
- "어떤 것을 실제로 실천하고 있지요?"
- "우리나라는 잘하고 있다고 생각하나요?"
- "왜 그렇게 생각하세요?"

- 기자 역할을 하는 사람이 이러한 활동을 진행하면서 상대방에게 들은 답을 잘 정리해서 나머지 구성원에게 전달하는 미션으로 활용해도 좋다.

여우야 여우야 뭐하니?

'여우야 여우야 뭐하니?'는 일정한 리듬을 가지고 반복적으로 여우와 상대가 주고받는 대화로 이루어지기 때문에 자폐 범주성 장애 아동에게 의사소통할 때 필요한 차례 주고받기 연습에 도움이 되는 놀이이다. 또한 대체로 즐거워할 수밖에 없는 '잡고 잡히는 활동'이 들어 있어서 아동의 흥미를 유발하기 쉽다.

✿ 활용하기

• 이 활동에서도 자폐 범주성 장애 아동 중에는 누군가 쫓아올 때 느끼는 숨막히는 긴장감을 싫어하는 경우가 있다. 이런 아동을 위해서는 바닥에 색테이프를 붙여 놓거나 선을 그려서 그 선을 넘어가면 술래가 더 이상 쫓아가지 않는 것으로 약속하고 놀이를 할 수 있다.

• 여우 가면을 함께 만든 후 자기 가면을 쓰고 하면 더 즐거운 놀이 참여를 유도할 수 있다.

• 개사하기 활동처럼 여우와의 대화를 좀 더 확장해서 질문 내용을 바꾸어 보는 것은 대화를 확장해서 연습하는 활동도 되고, 창의력 있는 사고, 유연한 사고를 도와주는 활동이 될 수 있다예: 개구리 대신 다른 동물.

동극놀이

동극놀이는 자폐 범주성 장애 아동이 쉽게 참여하기는 힘든 활동이다. 그러나 익숙하게 많이 읽어 주었던 동화를 동극놀이로 만들어서 활동할 수 있다. 동극놀이는 서로 주고받는 대화 연습도 되고, 각각의 역할이 지니는 감정이나 행동을 실제로 실행해 보게 되어 다양한 역할에 자신을 대입해 보는 기회를 가지게 할 수도 있다.

✿ 동극놀이하기에 좋은 동화
- 『토끼와 거북이』
- 『아기 돼지 삼형제』
- 『사과가 쿵』
- 『곰 사냥을 떠나자』
- 『무를 뽑았어요』
- 『금도끼 은도끼』
- 『여우와 포도』

✿ 활용하기
- 동극놀이를 하기 위해서 역할을 번갈아서 바꾸어 해 보기로 결정했어도, 자폐 범주성 장애 아동 중에는 동화책 속에 나

오는 나쁜 역할, 경쟁에서 지는 역할을 하기 싫어할 수도 있다. 따라서 진행하는 성인이 예측하여 아동이 그 역할을 수행하게 되면 받을 수 있는 상을 만들어 놓는 것도 좋다. "이것도 좋은 역할이야."라고 아동이 이해할 수 없는 말로 설득하는 것보다는 아동이 좋아할 만한 보상을 주어서 다양한 역할과 감정의 경험을 해 보게 하는 것이 효율적일 수 있다.

• 동극놀이를 함께 준비하면서 소품들을 만들어 보거나 가정에서 찾을 수 있는 물건들을 활용해 보는 것은 아동으로 하여금 창의력이나 기대감을 높이게 만들어 참여를 촉진할 수 있다.

• 글자를 아는 아동은 대본을 써 두고 앞에서 넘겨주어서 역할을 수월하게 실행할 수 있도록 도와줄 수 있다.

• 글자를 읽기 어려운 아동의 경우에는 성인이 내레이터 역할을 맡아서 아동이 다음에 해야 할 행동, 예를 들면 "토끼는 그만 잠이 들었답니다."라고 말해 주어 행동할 수 있게 해 주는 것도 좋은 방법이다.

역할놀이

역할놀이는 유아기 및 아동기에 또래들과 많이 하는 활동이다. 자폐 범주성 장애 아동의 특성상 각각의 역할을 가지고 상호작용을 하고 대화를 하기도 하는 역할놀이가 자발적으로 잘 참여하는 즐거운 놀이가 되기는 쉽지 않지만, 성인이나 또래가 참여를 유도한다면 아동도 즐겁게 참여할 수 있다.

역할놀이를 할 때 소품을 활용하면 좀 더 실감나고 재미있게 할 수 있다. 역할놀이가 아직 어렵다고 판단되는 아동에게는 간단한 가게놀이부터 시작해 보자. 장난감 돈이나 신용카드 그리고 실제 간식을 준비한다. 엄마나 아빠는 실제로 아동이 좋아하는 간식을 파는 가게 주인 역할을 한다. 탁자 위에 간식을 놓고 가게놀이를 시작한 엄마나 아빠에게 아동은 간식을 사서 먹게 한다. 복잡한 돈 계산 말고 그냥 교환만 하면 되는 장난감 지폐 한 장 혹은 신용카드 한 장을 들고 가게에 들어가서 인사를 하고, 진짜 간식

을 사서 먹는 역할놀이를 해 본다. 처음엔 엄마가 가게 주인을 하면 아빠와 아동이 함께 사러 가는 것으로 아동을 도와주며 역할을 익히게 하는 것이 좋다. 그러다가 조금 익숙해지면 엄마는 과자를, 아빠는 음료를 파는 가게를 하면서 놀이할 수 있다. 단, 먹는 것을 팔 때는 가게놀이를 반복할 수 있도록 금방 먹을 수 있는 음식의 양이나 크기로 하는 게 좋다.

이때 아동이 놀이에 재미를 느낄 때쯤 역할 바꾸기를 해 보거나 작은 모형들을 모아서 장난감 가게나 아이스크림 가게 등 실제가 아닌 상징놀이로 역할놀이를 변화시켜 볼 수 있다.

입장 바꿔 생각하는 능력을 길러 주는 활동

로봇놀이

물건을 숨기고 로봇 역할을 하는 사람에게 말로 지시하여 찾게 하는 활동이다. 즉, 부모나 교사가 눈을 가리고 있는 동안 자폐범주성 장애 아동이 물건을 숨기고 난 뒤, 부모나 교사가 로봇 역할을 하면서 물건을 찾을 수 있도록 아동이 설명하는 활동이다. 성인은 아동의 명령대로 움직이는 로봇이라 가정하고 로봇은 아동이 숨긴 곳을 찾아가도록 설명하는 만큼만 움직인다. 놀이는 구체적인 지시를 하는 것과 지시대로만 움직이는 것으로 이루어진다. 절대로 미리 짐작하고 움직여서 물건을 꺼내거나 찾지 않고, "앞으로 열 걸음 걸어가시오." "손을 앞으로 뻗으시오." "더 올리시오." 등의 지시에 따라서만 움직인다. 또한 아동이 먼저 숨겼던 곳에 가서 가리키지 않도록 정해진 의자에 앉아서 말로 설명하게 한다. 로봇 역할의 성인이 "지잉~ 삐릿~" 등의 소리를 넣어가면서 로봇처럼 흉내를 내며 놀이하면 더 재미있게 할 수 있다.

이 활동은 놀이를 통해 상대방이 얼만큼 걸어야 가까이 갈 수 있는지, 어디를 보아야 하고, 얼마나 손을 뻗어야 하는지, 어느 쪽으로 가게 해야 하는지를 생각하게 하면서 입장 바꿔 생각하기

를 연습하게 하는 활동이다. 아동이 이해하기 쉽게 성인 두 명이 시범을 보여 주고 활동을 시작하면 활동 이해가 더 쉬울 것이다. 또한 아동이 좋아하는 간식이나 장난감을 활용하면 강한 동기가 형성되기 쉽다.

숨바꼭질

아주 어린 연령의 아동도 숨어서 누군가가 자신을 찾아 주기를 기다리는 것은 아주 흥미로운 활동이 된다. 더욱이 찾아 주는 이가 보호자일 때는 더 즐겁고 재미있는 놀이가 될 수 있다.

숨바꼭질은 보편적으로 모두 알고 있는 활동이지만, 자폐 범주성 장애 아동에게 적용할 때는 발달수준을 고려하여 수정과 보완이라는 세밀한 작업을 거치고 접근하는 것이 좋다. 숨바꼭질을 즐겁게 하기 위해서는 아동이 여러 가지 기술을 습득하고 있어야 한다. 예를 들어, 적당한 숨을 장소를 찾는 것, 술래가 볼 수 없도록 몸 전체를 가리는 것, 숨어서 소리 내지 않는 것, 술래가 "못 찾겠다 꾀꼬리"라고 말하면 스스로 나와 줘야 하는 것 등이다.

아동과 함께 돌아다니면서 숨을 장소를 여러 곳 물색해 두고, 어디에 어떻게 숨으면 될지를 미리 연습해 보는 것은 숨바꼭질을 하기 전에 필요한 작업이다. 숨바꼭질을 전혀 이해하지 못하는 아동의 경우에는 엄마는 술래를 하고 아동은 아빠와 함께 숨기로 하여 둘이 함께 숨는 것부터 함으로써 아동의 이해와 흥미를 돕는다. 술래 역할을 하는 성인은 아동이 술래가 어떤 것을 단서로 자신을 찾을 수 있는지를 알 수 있도록 "어디서 소리가 나지?" "어? 저기 저 발은 뭐지?"와 같은 말을 해 주면서 찾으면 좋다.

✿ 활용하기

• 술래가 못 찾는 것에 대한 즐거움을 더 증가시켜 주기 위해 술래가 "못 찾겠다 꾀꼬리"를 한 후에 나오면 보상을 주는 시간을 마련해도 좋다.

• 아동의 이해를 돕기 위해 숨바꼭질 놀이가 재미있게 묘사된 동화책을 먼저 함께 보고 시작하는 것도 좋다.

무궁화 꽃이 피었습니다

'무궁화 꽃이 피었습니다' 역시 보편적으로 잘 알고 있는 놀이로 까꿍놀이와 잡고 잡히는 놀이가 접목되어 있어서 자폐 범주성 장애 아동과 함께할 때도 즐거운 놀이 활동이 될 수 있다. 놀이를 할 때는 발달수준에 따라 다리만 움직이지 않으면 된다거나 몸통이 흔들리지 않아야 한다거나 표정까지 멈추어야 하는 것 등 난이도를 높여 가면서 할 수 있다. 술래가 뒤돌아서 볼 때는 움직이지 않고 술래가 벽을 보고 있을 때만 움직인다는 규칙을 통해 술래와 나의 입장에 따른 행동 전환을 지속적으로 연습하게 되므로 자폐 범주성 장애 아동에게 유용한 놀이가 된다.

✿ 활용하기

- '무궁화 꽃이 피었습니다'를 변형하여 아동이 알 만한 꽃 이름을 추가하여 놀이 활동을 더 즐겁게 할 수 있다. 예를 들어, "진달래 꽃이 피었습니다."라고 할 때는 어떤 동작으로 멈출까를 아동과 함께 정한다. 턱 밑에 두 손을 갖다 대어 꽃받침을 하기로 약속할 수도 있고, 양팔을 벌려 활짝 핀 꽃 모양을 하는 것으로 정할 수도 있다. 여러 가지 꽃 이름이 불릴 때마다 다른 자세로 멈추는 것을 약속하는 것이라 서로 모방하게 되기도 하고, 더욱 역동적인 놀이가 되어 즐거움이 커질 수 있다.

- 자폐 범주성 장애 아동 중에는 놀이의 마지막 부분에 술래에게 잡혀 있는 친구들을 구해 주는 시점에서 서로 쫓고 쫓기는 것이 힘들어서 게임을 거부하기도 한다. 그런 아동에게는 어떤 역할을 할 것인지를 스스로 정하게 할 수 있으며, '손을 들고 있으면 잡지 않기' '스티커를 붙인 친구는 잡지 않기'처럼 서로 약속을 한 후 놀이를 시작해도 좋다. 게임은 아동의 발달수준에 따라 변형할 수 있으며, 자폐 범주성 장애 아

동도 즐겁게 놀이에 참여하다 보면 걸리는 것, 뛰다가 잡히는 것 등을 힘들어하며 변형을 주장하던 것에서 친구들과 함께 하기 위해 전체 규칙을 점차 수용하는 것으로 변해 가기도 한다.

융통성을 길러 주는 활동

노래 가사 바꿔 부르기

'노래 가사 바꿔 부르기' 활동은 변화를 좋아하지 않는 자폐 범주성 장애 아동에게 유연함을 길러 주고 창의력을 높이는 활동이 된다. 먼저, 노래 가사에 익숙해질 수 있도록 다른 놀이 활동을 할 때 엄마, 아빠가 특정 노래를 자주 들려주어 그 노래에 익숙하게 해 주는 것이 기초가 된다. 그리고 특정 노래에 익숙해질 때쯤 노래 가사를 바꾸어서 부르는 것을 시도해 본다. 예를 들어, '곰 세 마리'와 같은 일반적인 노래를 활용해 본다면, "아빠 곰은 뚱뚱해"를 "아빠 곰은 청소해" 혹은 "아빠 곰은 노래해"로 바꾸어 부를 수 있다. 아동이 노래 가사를 바꿔 부르는 것에 익숙해진다고 판단될 때쯤 함께 노래를 부르다가 부모가 멈춰 보고 아동의 반응을 기다려 본다. 예를 들어, "아빠 곰은 뚱뚱해, 엄마 곰은…" 하고 멈춘 후 아동의 반응을 기다린다.

✿ 활용하기

- 반응을 적극적으로 하도록 유도하기 위해 마이크_{혹은 모형 마이크}를 사용하여 차례 바꿔 부르기를 시도해 본다. 예를 들어, 엄마가 부르다가 아동에게 마이크를 넘겨서 아동이 가사를 바꾸어 부르고, 아빠에게 마이크를 넘긴다.
- 노래 가사를 바꾸어 부르면서 아동의 유머 코드에 맞추어서 즐거움을 공유할 수 있는 가사를 넣거나 움직임을 넣는 활동으로 만들어 보아도 좋다. 예를 들어, 좋아할 만한 화장실 활동, 공룡이름 등을 가사나 동작 내용으로 넣는다.

숫자 위에 내 맘대로 그리기

이 활동은 자폐 범주성 장애 아동이 유연하면서 창의력 있는 사고를 할 수 있도록 돕기 위한 활동이다. 이미 알고 있는 노래인 '숫자 1은 뭘까 맞추어 봐요'를 활용해서 먼저 그려 놓은 숫자 1을 연결해서 '공장 위의 굴뚝'으로 그림을 완성하는 것으로 시작한다. 아동과 함께 노래하면서 1부터 10까지의 숫자를 다양한 그림으로 완성을 할 수 있다. 자폐 범주성 장애 아동은 대체로 숫자를 좋아하는 편이므로 큰 숫자_{100, 200 등}를 쓰게 하여 숫자를 활용한 그림 그리기 놀이로 확장할 수 있다.

✿ 활용하기

- 아동이 좋아하는 동물이나 곤충 그림 등을 넣어 가면서 활동을 한다면 자발적이면서 적극적인 참여를 유도할 수 있다.
- 숫자 그림 그리기 놀이가 어느 정도 익숙해지면 도형을 변형하여 그리는 활동으로 확장할 수 있다.

차례 지키기를 도와주는 활동

징고게임

징고게임은 빙고게임과 유사한데, 아동들이 즐길 수 있도록 그림 카드 뽑기 방식으로 되어 있는 도구를 구입하거나 만들어서 사용한다. 이 게임은 시각적인 명확한 단서와 함께하므로 익히기 쉬운 놀이가 될 수 있다. 징고게임을 할 때 자폐 범주성 장애 아동에게 적용하기 위해 몇 가지 규칙을 변형하거나 강조하는 부분, 이해를 돕기 위한 방법의 수정이 필요할 수도 있다.

✿ 규칙 지키기와 변형해 보기

- 징고게임을 하면서 자폐 범주성 장애 아동으로 하여금 다음 할 사람의 차례를 기억하고 징고게임 도구를 넘겨주면서 "○○야, 네 차례야."라고 말해 주는 것을 배우게 할 수 있다.

- '서로 돕는 것' '나누어 주는 것'을 배우게 하기 위해 징고게임 규칙을 약간 변형하여서 자기 그림판에 그 그림이 없을 때는 나머지 구성원이 혹시 가지고 있는지 확인하고 친구에게 주는 절차를 넣을 수 있다. 예를 들어, 아이스크림 그림이 내 징고판에 없을 때, 나머지 구성원에게 "이거 필요한 사람?" 혹은 "이거 누구 줄까?"라고 묻는 것이다. 이처럼 내가 이기는 게임이 아니라 협력하면서 서로 완성하는 것을 돕게 하는 징고놀이로 변형하여 놀이해 볼 수 있다.

✿ 이해를 돕기 위한 수정 예시

- 징고를 언제 말해야 하는지를 알려 주기 위해 바닥 위 투명 판의 직선을 각각 다른 색깔로 선 표시를 해 둘 수 있다. 예를 들어, 3×3의 징고판의 경우, 대각선을 징고에서 제외한다면, 각각 6개의 색깔을 사용하게 된다. 색테이프를 본래의 놀이판에 직선 6개로 붙여 놓으면 아동은 같은 색 칸을 모두 채우면 '징고'를 외칠 수 있다는 것을 알게 된다.

- 만약 '징고'를 외치는 것보다 색깔 이름을 외치는 것을 더 쉽게 생각한다면 색깔 이름을 외치는 것으로 시작해도 좋다.

✿ 자폐 범주성 장애 청소년에게 적용하기

- 발달수준이 적합하다면, 자폐 범주성 장애 청소년들과는 빙고판을 만드는 것부터 함께 작업하는 것으로 해 볼 수 있다. 함께하고 싶은 주제를 하나씩 돌아가면서 말하게 해서 각자의 빙고판에 글자로 채워 넣는 방식으로 진행한다. 예를 들어, 좋아하는 음식, 좋아하는 놀이, 가족, 친구 이름 등을 쓰고 이유를 말하기로 결정하여, 서로에 대해 알아가는 과정이 포함된 빙고게임을 할 수 있다.

동대문놀이

"동, 동, 동대문을 열어라, 남, 남, 남대문을 열어라. 열 두시가 되면은 문을 닫는다."라는 노래에 맞추어서 한 줄로 서서 앞 친구의 어깨에 손을 올리고 기차놀이를 하는 활동이다. 최소한 성인 2명, 아동 3명은 있어야 즐거운 놀이 활동으로 진행할 수 있다.

노래에 맞추어서 한 줄 기차로 움직여야 하므로 기차가 끊어지면 안 되는 규칙을 만들고 잘 지키게 한다. 따라서 처음에는 성인이 맨 앞에서 걸음의 속도를 조절하면서 기차놀이를 시작한다.

문지기 역할을 할 수 있도록 두 명이 손을 마주 잡고 서서 '문을 닫는다'에 맞추어서 문을 닫는다. 닫은 문 안에 갇힌 아동은 간지르기 등 즐거운 벌칙을 주거나 아동이 원하면 문지기 역할을 하게 한다.

간혹 자폐 범주성 장애 아동들 중에는 '절대로 걸리면 안 돼.'라고 생각하는 아동이 있어서 잡혔을 때 매우 낙심할 수도 있다. 이런 경우를 방지하기 위해 놀이 규칙을 미리 말해 주고, 잡혔을 때 즐거운 결과가 뒤따라 올 수 있도록 여러 가지 선택사항들을 아동들과 함께 정해서 만들어 놓는 것이 좋다.

여러 명이 함께할수록 재미있는 놀이이므로 확대가족이 모이거나 또래들이 여러 명 함께 있을 때 하면 좋다.

✿ 활용하기

- 한 줄 기차를 만들 때 자신의 어깨에 손이 닿는 것을 감각적으로 싫어하는 자폐 범주성 장애 아동이 있다. 그럴 경우 맨 뒤에 서게 하거나, 가운데에 설 때는 뒤의 친구에게 "나는 옷을 잡아 줘."라고 말하게 하여 문제해결 능력을 배우게 하고, 감각적 불편함으로 놀이를 기피하지 않게 해 준다.
- 3명 이상의 아동들이 놀이를 할 때 각 아동의 옷에 1호차, 2호차, 3호차라고 써 주어서 놀이를 반복할 때 순서를 스스

로 잘 찾을 수 있게 해 줄 수도 있다.

- 6명이 넘는 아동들이 놀이를 할 때는 두 줄 기차로 만들어서 놀이해도 좋고, 성인의 수가 많다면 문지기를 동대문과 남대문으로 나누어 2개의 문을 만들어서 놀이하면 좀 더 역동적인 놀이가 될 수 있다.

트럭/자동차에 물건을 싣고 보내기

주고받기를 처음 가르칠 때 도움이 될 수 있는 놀이 활동이다. 무언가를 실을 수 있는 장난감 트럭이나 자동차, 작은 과자같은 간식, 방석을 준비한다. 가족 구성원이 각각 방석에 앉아서 트럭 굴리기 놀이를 한다. 작은 상자에 과자를 한 개 넣어서 트럭에 실어서 맞은 편 방석에 앉은 아동에게 굴려서 보내 주면 아동이 과자를 꺼내서 먹고 빈 트럭을 다시 보내 주는 놀이이다. 이때 너무 오래 씹는 간식으로 하면 놀이의 흐름이 끊겨 재미가 없어지므로 작은 과자 종류가 적합하다. 가능한 한 정해진 자리에 앉아 놀이 활동을 해야 계획했던 주고받는 놀이를 원활하게 할 수 있으므로 자기 방석 위에 앉아서 트럭을 굴리는 것을 규칙으로 정하여 잘 지키도록 유도한다. 시작은 맛있는 간식을 먹기 위해 트럭을 굴리지만, 점차 트럭을 굴리면서 놀이하는 것, 트럭에 무언가 싣고 놀이하는 것에 흥미를 가지게 할 수 있다.

✿ 활용하기

• 가족 구성원이 2명 이상 놀이에 참여할 때는 각 구성원이 서로 다른 간식을 준비해 두어서 아동이 먹고 싶은 간식에 따라서 굴리는 방향을 정할 수 있게 해 본다.

• 활동 참여 동기를 부여할 수 있도록 이 놀이 활동을 할 때만 먹을 수 있는 간식을 정해 두는 것도 좋다.

• 간식을 먹는 것보다 주고받기 활동에 더 즐거움을 느낄 때쯤 공 굴리기로 놀이를 바꾸어 할 수 있다.

경청하는 능력을 길러 주는 활동

몇 동 몇 호에 사니?

자폐 범주성 장애 아동의 숫자를 좋아하는 경향을 활용한 놀이이다. 먼저, 아파트 사진이나 그림을 여러 장 준비하여 각자 한 장씩 나누어 갖고 아파트의 이름을 정한다. 아동이 살고 있거나 집 근처에서 본 아파트의 이름도 좋고, '할머니네 아파트' '이모네 아파트' '동물 아파트'라고 해도 좋다.

아파트에 살고 있는 대상은 아동이 좋아하는 것을 활용하면 된다. 예를 들어, 공룡, 동물, 캐릭터 등으로 대상의 사진이나 그림을 오린 것들이나 상품화된 스티커를 사용한다. 아동의 발달수준에 따라 아파트의 집 수를 조절한다. 1층부터 5층까지 한 층에 한 집만 있게 하다가 한 층에 다섯 집씩 사는 4층 아파트로 늘려 갈 수도 있다.

아파트판이 만들어지면 함께하는 누구든 동일한 아파트판으로 놀이를 시작한다. 술래를 정한 후 술래가 말하는 대로 어디에 누가 살고 있는지를 생각하고 붙이는 놀이이다. 즉, 술래가 누가 몇 층 어디에 사는지 말해 주면, 참여하는 아동은 그림, 사진 혹은 스티커를 해당 집에 붙이면 된다. 이 게임은 대화 상대자의 설명을 잘 듣고 실행하는 활동이다.

★ 쉽게 할 수 있는 예시

"기린은 3층에 살아."

"코끼리는 2층에 살아."

"호랑이는 1층에 살아."

점점 복잡해질수록 이 게임에 등장하는 동물들의 입장을 생각하며 이야기를 나누면서 대화할 수 있는 활동이 될 수 있다.

★ 복잡하게 할 수 있는 예시

"호랑이는 2층에 살아. 말의 옆집이지."

"사슴은 2층에 살지만 호랑이 옆집은 아니야."

"독수리는 1층에 사는데, 위층에 사는 '어흥 어흥' 울음소리 때문에 무섭대."

✿ 활용하기

• 동물이나 공룡 등 그림이나 사진을 붙이느라 게임 진행 시간
  이 지체된다면 작은 모형을 아파트 그림판에 올려놓는 것으
  로 할 수 있다.

- 이사 가는 놀이로 변형하여서 집을 바꾸고 싶다고 술래에게 제안하는 활동으로 확장해도 좋다. 예를 들어, 사슴이 3층에 사는 양에게 가서 "우리 층에 호랑이가 살아서 무서워서 그러는데 좀 바꿔 주실래요?"라고 묻고, 술래가 답을 해 주면서 집을 바꾸는 놀이이다. 술래가 "이번엔 누가 이사 가고 싶을까?"라고 묻고 상황에 필요한 주고받기 연습을 하고, 이유를 잘 설명해 보면서 입장을 바꿔 보는 생각을 하게 할 수 있다. 이때 술래는 입주한 모든 동물의 역할을 대신해 주면서 대화를 해 나간다.

- 실제 친구나 가족의 이름으로 바꾸어 놀이해도 좋다. 마치

모든 친구나 확대가족이 하나의 아파트에 산다고 가정하고 배치해 보는 활동을 해 보면서 놀이를 확장해 본다.

규칙이 있는 수수께끼

수수께끼 놀이는 자폐 범주성 장애 아동의 개념발달이 포함된 인지능력, 의사소통 능력을 길러 주는 좋은 활동이다. 여기서 제시하는 수수께끼 활동은 일반적인 진행 방법과 유사하다. 아주 간단한 동물 카드, 사물 카드 등의 문제 카드를 준비하고, 빈 종이를 준비해서 어떤 영역(예: 동물, 탈 것, 악기 등)에서 문제를 낼 것인지를 큰 범주들을 써 줄 준비를 한다. 글자를 모르는 아동의 경우 그림으로 상징적인 표시를 해 주어도 좋다. 성인이 먼저 문제 내는 사람을 맡고, 스무고개처럼 하되 항상 힌트는 점점 구체화해 가는 것으로 한다. 2개의 기본적인 힌트는 반드시 듣고 답을 말하는 것으로 규칙을 정한다. 첫 번째 힌트는 항상 범주를 말한다. 즉, 빈 종이에 범주를 적고 보여 주면서, "이건 동물이야."라고 말한다. 그리고 두 번째 힌트를 말한다. "이건 '어흥~' 하고 우는 무서운 동물이야."

아동이 "귀신"이라고 답을 말하는 등 첫 번째 힌트와 연결지어 생각하지 않는 실수를 보이면 미리 보여 주었던 그림이나 글자가 있는 범주가 적힌 종이를 보여 주며 첫 번째 힌트를 상기하게 한다. 아동의 발달수준에 따라 빨리 잘 맞출 수 있도록 두 번째 힌트를 적절한 난이도 수준으로 만들어 주는 지혜가 필요하다.

✿ 활용하기

• 자칫 공부처럼 느껴지지 않도록 재미있는 요소를 첨가하여 놀이하면 더 좋다. 예를 들어, 동물로 할 경우 답을 맞힌 후에 동물 흉내내기를 해 보거나, 그 동물이 나오는 동영상 시청이나 관련 동화책 읽기를 할 수 있다.

• 수수께끼 활동에 어느 정도 흥미를 느끼기 시작하고 익숙한 놀이가 되어 참여가 원활해지면 자폐 범주성 장애 아동이 문제를 내보게 하는 것으로 진행한다. 때로는 아동이 문제를 낼 때 그림카드에 보이는 세부적인 요소에만 초점을 맞추어 설명할 수 있으므로 힌트를 내는 규칙범주 말해 주기, 특징 말하기을 다시 상기시켜 주면서 보편적인 설명이 될 수 있도록 도와준다.

★ 예시

코끼리가 빨간 모자를 쓰고 파란 목도리를 하고 있는 그림 카드, 정답은 코끼리인 경우.

아동: 빨간 모자를 썼어요.

엄마/아빠: 첫 번째는 동물인지 악기인지 알려 주세요.

아동: 동물이에요.

엄마/아빠: 두 번째 힌트는 뭐지?

아동: 다리가 있어요.

엄마/아빠: 다리가 있는 동물은 너무 많은데…… 다른 동물과 다른 점
　　　　 을 알려 주세요.

아동: 코가 길어요.

• 말로 문제 내는 수수께끼를 변형하여 '몸짓으로 문제 내기'를
하는 것은 몸짓 사용을 좀처럼 하지 않고, 다른 사람의 비언
어적 표현을 빨리 눈치채지 못하는 자폐 범주성 장애 아동을
위해서 의미있는 활동이 될 수 있다.

범인을 찾아라

이 게임은 지시를 듣고 상대방의 움직임, 특히 얼굴의 움직임
이나 표정을 잘 관찰하는 연습을 하는 놀이 활동이다. 즉, 게임이
진행될수록 지시를 하는 진행자는 자폐 범주성 장애 아동이 관찰
하기 어려워하는 얼굴의 움직임, 표정의 변화를 볼 수 있도록 지
시할 수 있다.

5명 이상이 모였을 때, 즉 친구들, 확대가족 등 여러 구성원이
있을 때 활용하기 좋다. 인원을 명확히 정해서 할 필요는 없기 때

문에 문제를 내는 사람들, 맞추는 사람들로 구성하면 된다. 진행
자 1명, 3명 정도의 범인으로 의심받는 사람들, 나머지는 맞추는
사람들로 구성하면 재미있게 진행할 수 있다.

진행자는 성인 한 명이 한다. 자폐 범주성 장애 아동은 혼자 혹
은 범인을 찾는 다른 사람들과 함께 앉아서 범인을 찾는 역할을
하면 된다. 문제를 내야 하는 3명 정도의 사람들은 앞에 서서 진
행자의 진행을 기다린다. 진행자는 앉아서 답을 맞추어야 하는

사람들 모두 눈을 감게 한 후 의심받아야 하는 예비 범인 3명의 뒤를 왔다갔다 하다가 한 사람의 등에 범인이라고 표시할 만한 표식스티커을 옷에 붙이면서 말한다. "당신이 범인입니다." 그리고 범인을 맞출 사람들에게 모두 눈을 뜨라고 한 후 사회를 본다.

"범인만 한쪽 다리를 드세요." "범인만 눈을 깜박이세요." 등 진행자의 재미있는 지시어에 따라 범인 표식이 붙은 사람만 지시대로 행동한다. 앉아서 관찰하는 사람들은 범인이 누군지 알게 될 경우 손을 들어서 진행자에게 말을 하여 맞추는 게임이다.

✿ 활용하기

- 참여하는 자폐 범주성 장애 아동의 발달수준에 맞추어서 쉽게 시작하는 것이 좋다. 쉬운 수준은 범인의 움직임이 크고 뚜렷한 행동이 될 수 있는 지시어로 시작하는 것이다.

- 범인이란 이름에 거부감이 있는 경우, 어떤 명칭으로 할지는 함께 정해도 좋다예: 엉둥이, 개구쟁이 등.

- 어느 정도 놀이 활동에 익숙해지고 크고 명료한 움직임을 쉽게 발견하기 시작하면 점차 얼굴 움직임을 관찰해야 하는 지시어로 변화시켜 나간다. 예를 들어, "윙크하세요." "놀란 표정을 지으세요." "슬픈 표정을 지으세요." "하품하세요." 등의 지시어를 사용한다.

• 놀이 활동에 익숙해지면 자폐 범주성 장애 아동이 문제를 출제하는 역할_{범인이 될 수도 있는}을 해도 좋다.

그 외 경청하기 놀이

자폐 범주성 장애 아동들 중에는 경청하기에 어려움이 있는 경우가 많다. 특히 타인의 음성을 집중해서 듣기 어려워할 수 있다. 이런 아동을 도우면서 즐겁게 활동할 수 있는 놀이로 '꼬마야 꼬마야'는 효과적이다.

처음에는 '꼬마야 꼬마야'의 가사대로 땅을 짚고, 뒤로 돌고, 만세를 부르는 등의 노래를 하면서 그대로 행동을 하게 하다가, 엄마나 아빠가 지시하는 술래 역할을 하면서 다른 지시를 해 본다. 즉, '꼬마야 꼬마야'의 가사 뒷부분의 행동을 바꾸어 본다.

"꼬마야 꼬마야, 엉덩이를 흔들어라." "소리를 질러라." 등 재미있으면서 행동으로 바로 옮길 수 있는 것들을 해 보면 즐거운 놀이가 될 수 있다. 이 놀이에 익숙해지면 자폐 범주성 장애 아동으로 하여금 지시를 하는 술래 역할을 하게 하여 좀 더 적극적으로 참여하게 유도할 수 있다.

이와 유사하게 할 수 있는 것으로는 가정에서 깃발을 만들어서 '청기 올려, 백기 내려' 게임이나, 반대로만 행동해야 하는 '청개구리 가라사대' 활동이 있는데, 이 활동들도 경청하기를 향상시켜 주는 즐거운 놀이가 될 수 있다.

청소년을 위한 활동

스마트폰 활용하는 방법 배우기

스마트폰의 보급으로 아동 및 청소년이 친구들과 대화하고 상호작용하는 것은 대면보다는 비대면의 문자 메시지 교환이나 SNS 사용이 더 편하고 쉬워졌다. 게다가 많은 청소년들은 이제 스마트폰 안에서 서로 대화하고 소통하는 것에 익숙하다. 그러나 자폐 범주성 장애 청소년은 SNS나 문자소통을 할 때 문자 단서만으로 의도를 파악해야 하므로 상대방이 어떤 의미로 그 말을 했는지 이해하기 어려워하거나 숨겨진 의미를 이해하기보다는 문자 그대로 해석하기도 한다. 따라서 오해를 하기도 하고 곤란한 상황을 겪기도 한다.

가족 구성원 간에도 간단한 문답은 문자로 하는 경우가 많으므로 스마트폰을 사용하는 방법, 문자의 의미를 해석하는 방법을 배워야 한다. 자폐 범주성 장애 청소년은 가장 익숙한 사람들과 먼저 문자로 서로 인사하기, 대화하기 등에 대해 연습을 하면서 배워 갈 필요가 있다.

문자 메시지를 주고받기 전에 대본을 만들듯이 글로 먼저 해 보고 문자 주고받기를 연습할 수 있으며, 문자 메시지 연습 후에는 가족들이 피드백을 해 주어서 어떤 부분들이 수정되면 더 좋은 대화가 되는 지 알려 준다. 다음은 스마트폰을 사용하면서 문자나 SNS를 할 때 배워야 할 내용들이다.

- 대화 시작하기
- 상대의 말에 반응하기
- 상대의 말을 적절하게 해석하기
- 상대의 말 속 숨은 감정이나 의도 찾아내기
- 대화 마무리하기
- 이모티콘 활용하기
- SNS에 무엇을 올리고 무엇을 올리면 안 되는가
- 어떤 내용을 보내면 안 되는가

감정신문 만들기

　'감정신문 만들기'는 가족들의 얼굴표정이 드러난 사진들을 오리고 붙인 후 이야기를 만들어 보는 활동이다. 원래 사진에 있는 상황의 내용과 그 사람의 감정을 묘사하면서 이야기를 만들어 보아도 좋고, 이야기를 가상으로 꾸며 가면서 만들어도 좋다. 초점은 반드시 인물이 느꼈을 감정 이야기가 들어가게 하는 것이다. 즉, 어떤 마음이었을지 추측해 보고 그것을 묘사해 보는 것이다.

먼저, 해당 사진을 붙이고 나서 사진 속 상황과 인물의 표정을 보고 기쁨, 슬픔, 분노 중에서 어떤 감정인가를 인식하고 기술하는 것부터 시작하는 것이 좋다. 예를 들어, "이모는 기분 좋은 얼

감정신문

졸업식 날, 꽃다발을 받은 누나는 너무 너무 즐거워요.

이모는 생일 케이크의 촛불을 불며 행복해해요.

내 동생은 예방 주사를 맞을 때도 아프다고 울지 않고 씩씩하게 잘 참아요.

굴이에요. 이모는 행복합니다. 왜냐하면 이모 생일이기 때문입니다." 가능한 한 스스로 감정을 기술하게 하고, 그 이유를 여러 가지로 추정하고 기술하게 하면 감정이해 발달을 위해 유용한 활동이 된다.

만들어진 감정신문은 벽에 붙여 두거나 스크랩하여 두면, 다음에 또 다른 감정신문을 만들 때 참고하게 하기도 하고, 볼 때마다 스스로의 작품이라는 즐거움과 자랑스러움도 갖게 할 수 있다.

대체로 가족의 사진에는 즐거움만 표현되어 있으므로, 다른 사람이 다른 감정을 가질 수 있는 부분에 대해 유추해 보는 것을 유도하는 것이 좋다. 예를 들어, "미국에 있어서 생일파티에 오지 못한 삼촌의 기분은 어땠을까?"로 물으면서 신문에 짤막하게 글로 쓰는 것으로 같은 상황에서도 입장에 따라서 다른 감정을 가질 수 있음을 배우게 할 수 있다.

상담센터 놀이

의사소통 수준이 높은 자폐 청소년의 경우에는 상담센터 놀이 활동이 가능하다. 이 활동은 상담자 역할을 자폐 범주성 장애 청소년이 하고, 부모가 내담자 역할을 하면서 입장 바꿔 생각하기 연습도 하고, 다양한 문제해결에 대한 사고력도 높여 주기 위한 활동이다. 특히 자폐 범주성 장애 청소년이 학교생활 중에 가지게 되는 어려움, 또래관계 등 사회적 관계에서 해결하기 어려울 것 같은 사건들, 돌발 사건들을 예시로 역할놀이를 하면 좋다. 활동을 더 재미있게 하기 위해 상담센터의 이름과 상담료_{상담에 대한 댓가} 등에 대해서 함께 정해 보는 것도 적극적인 참여 동기를 형성하는 데 도움이 된다.

✿ 활용하기 좋은 상담 주제

- 친구들이 나한테 "네가 선생님이냐?"라고 말하곤 하는데, 무슨 뜻이고 친구들이 무엇을 원하는 것일까요?
- 친구들이 나와 같이 놀아 주지 않는 것 같은데, 이럴 때는 어떻게 해야 하지요?
- 학교에 준비물을 가지고 가지 않았을 때는 어떻게 해야 하나요?
- 나는 친구들이 무언가를 빌려 달라고 하면 빌려주기 싫은데, 그걸 왜 친구들이 싫어하지요?
- 나는 궁금한 게 많은데 선생님께 질문을 많이 하면 왜 안 되나요?
- 축구를 할 때 친구들에게 왜 패스를 해야 하나요?
- 친구들이 대화하고 있는 중에 내가 끼어들려면 어떻게 해야 하나요? 나를 안 끼워 주면 어떻게 해야 하나요?

이와 같은 주제는 적절한 해결 방안을 생각하는 연습이므로 자폐 범주성 장애 청소년은 상담자 역할을 하면서 최상의 해결 방안을 제안하기 어려울 것이다. 이때는 내담자 역할을 한 부모가 자폐 청소년 상담자가 제안한 해결 방안의 결과에 대해 걱정을 하면서, "그런데 만약 그렇게 했다가 ○○○하게 되면 어떻게 하지요?"라고 물어봄으로써 해결안을 실행했을 때 나타나는 결과를 미리 생각해 보게 만들어 줄 수 있다.

✿ 활용하기

• 상담을 받은 후 내담자는 어떤 부분이 만족스러웠는지, 어떤 부분이 아쉬웠는지를 기록해 주어서 상담자 역할을 한 자폐 범주성 장애 청소년으로 하여금 다음 상담 활동을 더 잘할 수 있게 하는 긍정적 자극을 만들어 줄 수 있다.

• 상담센터 놀이의 주제는 청소년의 학교생활, 친구관계와 관련된 내용으로 하면서 내담자 역할을 하는 부모가 상담자 역할을 하는 청소년이 적절하고 바람직한 답을 스스로 말할 수 있도록 잘 유도하는 것이 좋다. 부모가 정답이라 생각하는 답이 나오지 않아도 입장 바꿔 생각하는 연습을 통해 생각할 수 있는 기회를 가지게 되었으므로 다음 기회에 같은 주제를 더 다룰 수 있음을 생각하고 적당한 선에서 마무리하는 것이 좋다.

가족 구성원을 위한 활동 Tip

한 가정에는 자폐 범주성 장애 아동 외의 다른 형제자매, 확대가족 등 다양한 가족 구성원이 함께 살고 있을 수 있다. 때로는 자폐 범주성 장애라는 진단 이후로 가족의 생활이 달라지면서 부모가 자폐 범주성 장애 아동의 치료나 교육에 몰두하는 것으로 인해 부부간에 관심이나 지지가 줄어들기도 한다. 또는 아동의 치료 및 교육에 한 명의 가족 구성원만_{엄마나 아빠} 몰두하는 경우, 서로 자녀에 대한 이해와 의견이 달라져서 교육이나 치료의 종류나 강도를 결정하기 어려워하기도 한다. 뿐만 아니라 서로의 이해나 생각 차이로 인해 스트레스를 받기도 한다. 따라서 서로 충분히 대화를 나눌 수 있는 시간이 필요하며, 무엇보다 가족이 모두 행복하기 위해서는 지나친 책임감, 과중한 양육 부담, 죄책감에 시달리고 있지는 않은지 서로 살펴보고 각자에게 맞는 대처 자원을 마련해 두어야 한다. 만약 외적 지원이 필요할 때는 확대가족에게 도움을 청하거나 지역사회 내에서 도움을 청할 수 있는 기관을 알아 두어야 한다. 특히 아직 성장기에 있는 비장애 형제자매가 부모나 가족의 손길이 많이 필요함에도 불구하고 미처 도움을 받지 못하거나, 이미 스스로 모든 것을 하도록 여겨지기도 하여 정서적 어려움을 가지기도 한다. 따라서 가족 구성원 모두의 삶의 질이 중요하다는 생각으로 서로를 격려하면서 필요한 지원을 아끼지 않아야 한다.

✿ **부모가 할 수 있는 자폐 범주성 장애 아동의 형제자매를 위한 지원 Tip**

- 형제자매가 물어보는 자폐 범주성 장애 아동에 대한 여러 가지 특징을 잘 이해할 수 있도록 친절하게 설명해 주기
- 특히 자폐 범주성 장애 아동의 특성에 대해 강점도 잘 설명하고 '다양한 사람들의 특성'으로 받아들일 수 있도록 도와주기
- 부모가 애정과 관심을 기울이고 있음을 확인시켜 주는 의미로 형제자매의 칭찬할 만한 구체적인 일들을 편지글이나 메모 형태로 적어서 주기
- 부모가 형제자매와 함께하는 시간이나 활동예: 함께 마트가기, 함께 목욕하기 등을 계획하고 실행한 후 내용을 기록해 두고 모아두고 자주 함께 회상하기
- 형제자매가 지니는 자연스러운 질투나 분노에 대해 노여워하지 않고 이해하고 들어 주기

가정에서 민원함과 같은 칭찬박스를 사용하여 가족 구성원의 바람직한 행동을 격려하는 데 활용한다. 서로를 칭찬할 만한 일들을 주목해 두었다가 구체적인 상황과 행동, 칭찬받을 이유에 대해 써서 박스 안에 넣어 두는 것이다. 칭찬박스는 정해 놓은 시간에 함께 개봉하고, 박스 속 메모를 읽으면서 서로 칭찬하는 시간을 가진다. 특히 자폐 범주성 장애 아동의 형제자매는 부모로부터 주목받지 못하거나 충분한 애정을 받지 못한다는 생각으로 스트레스를 받게 된다. 따라서 여기서 활용하는 칭찬박스는 비장애 자녀를 부모가 항상 주목하고 관찰하고 있으며 동등한 애정을 가지고 있음을 드러낼 수 있는 주요한 활동이 될 수 있다.

✿ 활용하기

- 가정에서 칭찬박스를 사용하는 것은 자폐 범주성 장애 아동에게도 칭찬의 힘을 통해 바람직한 행동이나 기술을 일상생활 중에 유지하게 하는 데 유용하다. 어느 정도 회상 능력이 있는 인지발달 수준을 지니고 있는 자폐 범주성 장애 아동이 일상에서 적절한 행동을 했을 때 부모가 사진을 찍거나 글로 써 둔 것을 칭찬박스에 넣는 활동으로 시작해 볼 수 있다. 칭찬박스에 넣을 때는 상세하게 사실적 묘사를 하는 것이 좋다.

예를 들어, "현태는 오늘 동생을 도와주어서 칭찬한다."라고 쓰기보다는 "오늘 현태가 동생이 레고를 끼우지 못해서 힘들어하는 것을 보고 대신 끼워 주어서 멋있었다."라고 적는다.

• 자폐 범주성 장애 아동에게 칭찬박스를 활용하는 것은 실행이 어려웠던 행동들이 적절한 노력으로 변화되어 가는 것을 주목하고 격려하는 데 목적이 있다. 따라서 자폐 범주성 장애 아동의 행동들 중에서도 공감능력을 포함한 사회적 상호작용, 사회적 의사소통, 정서 조절과 관련된 행동을 주목하고 구체적으로 칭찬하는 것이 좋다.

• 칭찬박스의 활용은 적절한 행동이나 말이 일어났던 그 때 그 자리에서 즉각적으로 칭찬하는 것을 대신해 주는 것을 의미

하는 것이 아니다. 오히려 칭찬받았던 내용을 다시 기억하고 다시 한번 다 같이 칭찬하는 시간을 가지면서 바람직한 말이나 행동을 유지시키게 하기 위한 활동이라 할 수 있다.

[한발 더 나아가기]

여러 가지 자료를 통해 도움받기

자폐 범주성 장애의 출현율 증가만큼이나 자폐 범주성 장애 관련 내용의 책들이 많이 출시되어 있다. 부모가 자폐 범주성 장애 자녀를 키우면서 느낀 점들을 기록한 것부터 자폐를 가진 당사자가 쓴 글, 여러 가지 전략이 제시된 번역서, 교사나 치료자의 글들까지 다양한 책들이 제공되어 있어서 참고할 수 있다. 그러나 때로는 어떤 책에 있는 어떤 방법이 나의 자녀에게 맞을지 혼란스러울 수 있다. 부모는 과연 이 방법이 내 자녀에게 맞을까를 늘 고민하게 된다. 책이란 글을 쓴 사람의 생각과 의견이 반영되어 있으며, 어떤 근거가 있는 사실들을 참고하였는가에 따라 다양한 방법을 제시하고 있어서 내 자녀에게 적용하기에는 무리가 있는 경우도 많다. 따라서 책의 특정 치료나 접근 방법이 내 자녀에게 적용해서 같은 효과를 낼지에 대해서는 아무래도 현재 자녀의 교육과 치료를 담당하고 있는 전문가와 의논하고 결정하는 것이 바람직하다.

참고
문헌

김붕년, 김준원, 권미경, 윤선아, 강태웅, 한일웅(2017). 자폐부모 교육. 서울: 학지사.

이소현 역(2005). 자폐 범주성 장애: 중재와 치료. 서울: 시그마프레스.

이소현 외(2016). 자폐 범주성 장애 특성을 반영한 특수교육 운영 모델 개발 연구. 인천광역시 교육청.

이소현, 박혜진, 윤선아 역(2017). 자폐 범주성 장애: 의사소통 및 사회적 상호작용을 위한 증거 기반의 중재. 서울: 학지사.

이소현, 윤선아, 박현옥, 이수정, 이은정, 박혜성, 서민경, 정민영 역(2014). SCERTS 모델 1권: 진단(자폐범주성 장애 아동을 위한 종합적 교육 접근). 서울: 학지사.

이소현, 윤선아, 이은정, 서민경, 박현옥, 박혜성 역(2016). SCERTS 모델 2권: 프로그램 계획 및 중재(자폐범주성 장애 아동을 위한 종합적 교육 접근). 서울: 학지사.

이정미 역(2008). 자폐 아동을 위한 사회성 이야기 그림책. 서울: 시그마프레스.

Alberto, P. A., & Troutman, A. C. (2003). *Applied behavior analysis for teachers*(6th edition). Upper Saddle River, NJ: Merrill/Prentice Hall.

Buggey, T. (2005). Application of video self-modeling with children with autism in a small private school. *Focus on Autism and Other Developmental Disabilities*, *20*, 180-204.

Rimland, B. (1964). *Infantile autism*. New York: Appleton-Century-Crofts.

찾아
보기

인명

Buggey, T. 55

Grandin, T. 22

Gray, C. 57

Kanner, L. 16

Parton, M. 107

내용

SCERTS 114

ㄱ

감각의 패턴 123

감각자극에 대한 과소반응 31

감각자극에 대한 과잉반응 31

관용구 83

관찰학습 90

구조화 50

ㄴ

놀잇감 선정 기준 106

ㄷ

동반장애 36, 128

ㅁ

마음맹 21

먼저-다음에 전략 53

몸짓 68

193

저자 소개

김유숙

일본 동경대학교 의학부 보건학박사(임상심리 전공)

현 서울여자대학교 교육심리학과 명예교수

한스카운슬링센터 책임 슈퍼바이저

윤선아

이화여자대학교 특수교육과 박사(정서행동장애 전공)

현 서울대병원 소아청소년 정신과 특수교사

이화여자대학교 특수교육과 겸임교수

| 아동과 청소년 문제해결 시리즈 *10* |

자폐 범주성 장애 아동·청소년

• 사회성이 제일 어려운 아이를 어떻게 도울 것인가? •

초판 1쇄 인쇄 2022년 5월 10일
초판 1쇄 발행 2022년 5월 20일

지은이 김유숙·윤선아
발행인 김진환

발행처 이너북스　**주소** 서울특별시 마포구 양화로 15길 20 마인드월드빌딩
대표전화 02-330-5114　**팩스** 02-324-2345
출판신고 2006년 11월 13일　제313-2006-000265호
홈페이지 http://www.hakjisa.co.kr

ISBN 978-89-92654-65-4　03180

정가 13,000원

출판·교육·미디어기업 **학지사**
간호보건의학출판 **학지사메디컬** www.hakjisamd.co.kr
심리검사연구소 **인싸이트** www.inpsyt.co.kr
학술논문서비스 **뉴논문** www.newnonmun.com
교육연수원 **카운피아** www.counpia.com